Christoph Schönborn - Albert Görres - Robert Spaemann

ZUR KIRCHLICHEN ERBSÜNDENLEHRE
Stellungnahmen zu einer brennenden Frage

W0061514

Kriterien
87

Christoph Schönborn
Albert Görres
Robert Spaemann

ZUR
KIRCHLICHEN
ERBSÜNDENLEHRE

Stellungnahmen zu einer brennenden Frage

JOHANNES

Alle Rechte vorbehalten
© Johannes Verlag Einsiedeln, Freiburg 1991
Druck: Freiburger Graphische Betriebe
ISBN 3 89411 303 0

INHALT

Albert Görres

PSYCHOLOGISCHE BEMERKUNGEN ÜBER DIE ERBSÜNDE UND IHRE FOLGEN

Robert Spaemann

ÜBER EINIGE SCHWIERIGKEITEN MIT DER ERBSÜNDENLEHRE

Christoph Schönborn

DIE KIRCHLICHE ERBSÜNDENLEHRE
IM UMRISS

Pascals Wort über die Erbsünde ist bekannt:

«Sicher befremdet uns nichts härter als diese Lehre; und doch bleiben wir ohne dieses unverständlichste aller Geheimnisse uns selber unverständlich. Der Knoten unserer Lage erhält seine Verwicklungen und Schlingen in diesem Abgrund; und so ist der Mensch ohne dieses Geheimnis noch unverständlicher, als dieses Geheimnis dem Menschen unverständlich ist.»[1]

Robert Spaemann meint, daß im Geheimnischarakter der Erbsünde der erste Grund für den Widerstand gegen diese Lehre zu suchen sei. Niemand kann zwar bezweifeln, daß etwas im gegenwärtigen Zustand der Menschheit nicht «normal» ist. Nicht selbstverständlich ist jedoch die Kunde des Glaubens, daß dieser verstörte Zustand einer ursprüglichen freien Tat des ersten Menschenpaares entspringt, die unserer Erfahrung unzugänglich bleibt, von der wir nur wissen können durch «die allein Wissende, die Offenbarung.»[2]

Wo sich die Denkwege von dieser ersten Quelle des Wissens lösen, wo die «Quelle lebendigen Wassers» verlassen wird und «rissige Zisternen» gegraben werden, «die das Wasser nicht halten» (Jer 2, 13),

---

[1] Ed. Brunschvicg 434; Übers. von H.U.v.Balthasar, Blaise Pascal, Schriften zur Religion, Einsiedeln 1982, 218 (= Christliche Meister Bd. 17).

[2] R. Guardini, Der Anfang aller Dinge. Meditationen über Genesis Kapitel 1-3, 3. Aufl., Mainz-Paderborn 1987, 17.

da muß für das Dogma von der Erbsünde Ersatz gesucht werden.

Es gibt zu denken, daß die neuzeitliche Philosophie unermüdlich Alternativen zur Erbsündenlehre ersonnen hat. In immer neuen Anläufen wurde versucht, andere Protologien zu entwerfen, denen dann andere Eschatologien entsprechen sollten. Diese Wege muten an wie eine Fortsetzung jenes tragischen Versteckspielens Adams und Evas vor dem lebendigen Gott. Seit der Mensch sich in der ersten Sünde von der Freundschaft Gottes abgewendet hat, seit die ursprüngliche Gottesvertrautheit einem Mißtrauen Gott gegenüber Platz gemacht hat, erfindet unser Herz (Vernunft, Wille, Sinne) unentwegt Strategien der «Verdrängung». Lieber mühsame und unhaltbare Konstrukte von einer «Selbstorganisation des Universums» errichten, als demütig anerkennen, daß dieses Universum mit seinen unerschöpflichen Rätseln, seinen überwältigenden Schönheiten, seinen subtilen Mechanismen das Werk einer unendlichen Vernunft ist, die in ihrer Schöpfung uns anspricht, die uns diese Schöpfung zugedacht hat und die antwortende Hingabe unserer Vernunft und unseres Willens erwartet.

Doch geht es mit den Irrwegen des Denkens wie mit den Irrwegen des Lebens. Der mehr wie eine Klage denn eine Anklage anmutende Ruf Gottes an Adam: «Wo bist du?», die schmerzliche Frage an Eva: «Was hast du da getan?» (Gen 3, 9-13), sind nicht das Ende, sondern der Neuanfang eines Weges der Gottesnähe.

Ist es zu gewagt, zu sagen, daß solches Rufen Gottes auch die neuzeitlichen Denkwege durchtönt? Dürfen wir, gewissermaßen am Ende des großen Zyklus der Ideologien,[3] innehalten und fragen, ob nicht auf diesen Wegen, die oft von der Suche nach Alternativen zur christlichen Offenbarung bestimmt waren, ein tieferes Verstehen der Erbsündenlehre möglich geworden ist?

Die beiden ersten Beiträge dieses Bändchens können so gelesen werden. Der Psychologe und der Philosoph sehen im christlichen Erbsündendogma nicht ein sperriges altes Möbel, das in der funktionalen modernen Welt keinen Platz mehr hätte, beziehungsweise erst «modernisiert» werden müßte, um diesen Platz zu finden. Die Tiefenpsychologie, die Psychoanalyse haben vielmehr neues Licht auf den erbsündlichen Zustand des Menschen geworfen. Die neuzeitliche Philosophie hat die Analyse des Bösen, der Entfremdung, der «Uneigentlichkeit» um viele neue Aspekte bereichert. Doch zeigen beide Referate,[4] daß diese Analysen ihre ganze Prägnanz erst erhalten, wenn sie im Licht des Erbsündendogmas gelesen werden. Ohne dieses Licht

---

3 Vgl. hierzu die eindringliche, prophetische Analyse bei M.J. Le Guillou, Das Geheimnis des Vaters. Apostolischer Glaube und moderne Gnosis, Einsiedeln 1974, 157–190.

4 Sie wurden ursprünglich auf einem Symposion über die Erbsünde gehalten, das unter dem Vorsitz von Kardinal Ratzinger im November 1989 in Rom stattfand. Auch der Autor des dritten Beitrags hat an diesem Symposion teilgenommen. Sein Text stellt die überarbeitete Fassung eines Vortrags dar, der im Herbst 1990 in St. Georgen, Kärnten, und in Einsiedeln gehalten wurde. Er verdankt dem genannten Symposion wichtige Anregungen.

bleibt alles Wissen um das Böse gewissermaßen blind. Die Alternativen zum Erbsündendogma enden alle früher oder später im Naturalismus, das heißt in der «Wegerklärung» des Bösen als solchen. Wir stehen vor dem Paradox, daß die Neuzeit überscharf die Dimensionen des Bösen erforscht hat, dann aber diese Entdeckungen ad absurdum führt, indem sie das Böse selbst leugnet. So erweist sich eine klare, nicht ängstlich-schüchterne, sondern dem Licht der Wahrheit vertrauende Darlegung der christlichen Erbsündenlehre geradezu als ein Dienst, der die großen Einsichten der Neuzeit gegen ihre eigenen Selbstverkürzungen in Schutz nimmt. Ein mit dem Marxismus so vertrauter Philosoph wie Leszek Kolakowski mahnt die Theologen seit Jahren, das Licht der Erbsündenlehre nicht unter den Scheffel zu stellen. Sie sollen ihre Angst, nicht modern zu sein, überwinden und vertrauen, daß dieses Licht, wenn auf den Leuchter gestellt, vielen leuchten kann. Dazu möchte das vorliegende Buch beitragen.

Rom, am Fest des hl. Augustinus
28. August 1991

fr. Christoph Schönborn O.P.

ALBERT GÖRRES

PSYCHOLOGISCHE BEMERKUNGEN
ÜBER DIE ERBSÜNDE UND IHRE FOLGEN

Beim Studium dieser Fragen stößt der Psychologe zunächst auf den Sachverhalt, daß die Begriffe und Glaubensinhalte von den beteiligten theologischen Fächern - der biblischen und der dogmatischen Theologie - oft in verwirrender gegenseitiger Nichtbeachtung behandelt werden. Eine Hand will nicht wissen, was die andere tut, ein Auge nicht betrachten, was das andere sieht. Dazu kommt, daß auch zwischen Exegeten und Dogmatikern reichliche Meinungsverschiedenheiten herrschen. Darum ist es schwer, zumal für einen Nicht-Fachmann, herauszufinden, welche theologischen Vorgaben verbindliche Gehalte des katholischen Glaubens sind.[1]

1. DAS RÄTSEL DER SITTLICHEN URKATASTROPHE

Einerseits ist die Lehre von der Ursünde eine erleuchtende Antwort auf die Frage nach der Herkunft des menschlichen Elends, über dessen Tatsache kein Widerspruch besteht. Das durchschnittliche Sinnen und Trachten der Menschen ist oft weder vernünftig noch gut. Große und kleine Gemeinheiten, ungeheuerliche Verbrechen sind verbreitet. Güte, Großmut, Anstand, Hilfsbereitschaft weniger. Die Neigung, rücksichtslos den eigenen Vorteil zu su-

---

[1] Auch das Buch von Albert Görres und Karl Rahner: «Das Böse. Wege zu seiner Bewältigung in Psychotherapie und Christentum» (Herder, Freiburg 1984; als Taschenbuch 1989, Herderbücherei Nr. 1631) enthält Aspekte der Erbsünde, die hier nicht behandelt wurden. Dasselbe gilt von meinen beiden Taschenbüchern der Serie Piper (SP 490 und 318): «Kennt die Psychologie den Menschen?» und «Kennt die Religion den Menschen?».

chen, den Versuchungen eher nachzugeben als dem Gewissen, zeichnet die Geschichte. Das alles scheint nicht notwendig. Wir müssen nicht hassen, nicht betrügen, nicht ausbeuten. Die Evolution zwingt die Menschheit nicht dazu. So scheint die Annahme einer sittlichen Urkatastrophe, in der die Menschheit oder ihre Repräsentanten einen falschen Weg eingeschlagen haben, keine unplausible Erklärung für den Verlauf der Geschichte in Blut und Tränen.

Anderseits läßt der biblische Glaube an die Ursünde diese selbst eher unverständlich erscheinen. Der oder die Ursünder waren nach der Bibel von allen den Belastungen frei, die gemeinhin zur Sünde führen: frei von Tod und Leid, von Mühsal, Not und Sorgen. Nichts in ihrem Leben gab ihnen Anlaß zu Furcht und Haß. Sie kannten keinerlei Entbehrung und Mangel, weder Neid noch Rivalität; keine feindliche Natur und ihre Gefahren. Keine quälenden Begierden mit den dazugehörigen Versagungen; es bestand für sie kein Anlaß zu Haß, Zorn und Aggression noch zu Überdruß und Langeweile. Nach der Meinung großer Theologen kannten sie keinen Irrtum, sondern lebten in und aus einem eingegossenen Wissenslicht, das sie nicht erst mühsam erwerben mußten. Ihre Gottesfreundschaft, innig und beglückend, ließ keinen Platz für Mißtrauen, Verkennung Gottes, Unglauben, Zweifel. Vielmehr war ihnen Wissen, Weisheit, Glauben und Erleuchtung mitgegeben: Welterkenntnis, Sinnerkenntnis, Gotteserkenntnis. Ihre Freiheit war nicht durch Erkenntnismängel verdunkelt noch durch

14

mitreißende Leidenschaften und Affekte geschwächt, sie war keinem Zeitdruck noch dem Einfluß von geistig oder physisch Mächtigeren ausgesetzt.

Doch ihr Wissen war keine Allwissenheit. Es besaß eine Lücke. Sie wußten nicht, daß an den Grenzen ihres Daseins die böse Macht schon existierte, daß sie nahe war. Ihre Arglosigkeit dem Bösen gegenüber war die einzige Gefahr, vor der sie nicht auf der Hut waren. Ihre Kenntnis des Bösen, die sie auch ohne den Baum der Unterscheidung von Gut und Böse schon hatten, bestand im Wissen um das göttliche Verbot und um die Strafe, die eine Verletzung dieses Gebotes nach sich ziehen würde. Aber ihre Seligkeit machte sie vertrauensselig, obwohl sie gewarnt waren. Denn das Verbot Gottes hatte sie darauf hingewiesen, daß eine Gefahrenzone in ihrer Welt bestand, eine schlimme Möglichkeit, gottwidrig zu handeln. Dies allerdings ohne die Begierde, die zu solchem Tun drängt.

Bei dem gefallenen Menschen ist es «verständlich», daß er von Neugier auf die unerfahrene Region des Verhaltens getrieben wird, daß er wissen möchte, wie unbeschränkte Autonomie schmeckt, denn zu seinem gefallenen Zustand gehört viel Torheit, die seine Einsicht verdunkelt. Doch das listige Tier fand das Vertrauen des Urstandsmenschen. Dieser war gewissermaßen berechtigt, jedes gesprochene Wort für reine Wahrheit zu halten. Solche Vertrauensseligkeit aber war unrecht, insofern sie sich von dem vorher vernommenen Gotteswort abwendete, dem Mißtrauen gegen Gott zustimmte, Zweifel hochkommen ließ, wo Vertrauen, Vertrauen,

wo Zweifel am Platz gewesen wäre - eine Grund-
formel der Psychologie nach dem Fall. Da war vergessen, wie die gute Erinnerung an die Mitteilung
sich anfühlt. Diese *dulcis memoria* ist es, was uns an
das Gute und an den Guten anheftet. Wäre es denk-
bar, daß die Unterlassung der vor der Ursünde auf-
gegebenen «Berufs(Standes)pflichten», nämlich der
inneren Akte des Erinnerns, des Glaubens, der Liebe, des Dankens, der Memoria, der Anbetung, der
Bitte am Anfang allen Elends stehen? Gibt es eine
psychologische Geschichte der Ursünde, eine «Ak-
tualgenese», in der harmlos beginnt, was böse endet?
Jedenfalls ist in der Geschichte des Gottesvolkes
der Israeliten das dankbare Gedenken der Großta-
ten Gottes die Achse seiner Frömmigkeit. Auch im
Christentum steht das Gedenken der Heilstaten im
Zentrum des Kultes.

Alles menschliche Tun und Lassen, Streben und
Handeln ist auf Bewahrung und Gewinn von Wer-
ten oder auf Vermeidung, Abwehr und Abkehr von
Unwerten ausgerichtet. Der Handelnde ist ein Welt-
verbesserer, ein unermüdlicher Glückssammler.

Glücklich ist, wer alles hat, was er will (Augustinus). Wo bleibt somit für den Paradiesesmenschen,
der alles hat, was das Herz begehrt, jener Rest von
Unzufriedenheit, ohne die die Fehlhandlungen nicht
möglich wären?

2. Die Möglichkeitsbedingungen der Erbsünde

Der Glaube sagt uns, daß es für den endlichen Geist einen Zustand der vollendeten Seligkeit gibt, der keine Wünsche unerfüllt läßt und jede Freiheit zur Sünde ausschließt. Dies wird sich in der Anschauung Gottes ereignen, in der höchsten und endgültigen Vereinigung mit ihm, die zugleich die größtmögliche Gottähnlichkeit mit sich bringt. Die *tranquillitas animae*, die nach der Glaubenslehre den Urstandsmenschen geschenkt war, besaß diese ungefährdete Endgültigkeit des Besitzens nicht. Sie schloß jenen mörderischen Geistesblitz nicht aus, die Idee einer vorzeitigen oder unmenschlichen, weil unendlichen Gottähnlichkeit, als eines ergreifbaren Gutes und Projekts zu fassen, in widerrechtlicher Aneignung, durch Raub.

Die Möglichkeitsbedingung für eine solche Fehlleistung liegt wohl in der Eigentümlichkeit der Erkenntnisweise, die einmal eine menschliche, und das heißt doch wohl auch vor dem Fall eine begrifflich-abstrakte, sprachgebundene gewesen sein muß, kein «Schauen» also, doch auch kein bloßes Glaubenslicht, sondern - ähnlich der Gotteserfahrung der Mystiker - ein Mittleres zwischen Glauben und Schauen vielleicht, wie Bonaventura meint. Auch unsere Gotteserkenntnis ist ja ein Mittleres, zwar nicht zwischen Glauben und Schauen, aber zwischen Wissen und Glauben, da wir den Vater dem Sohn glauben, obwohl wir auch in uns ein dunkles Gotteswissen besitzen.

3. Die Folgen der Ursünde

Die Sünde hat den Menschen ins Elend gestürzt. Seither gibt es den Tod, die Todesangst, und damit den großen Umsturz des gesamten psychischen Lebens. Darüberhinaus gibt es Krankheit, Kampf, Verwundung, Schmerz, Leid, mühselige Arbeit, Irrtum und mit alldem die Angst vor allen physischen, psychischen und moralischen Übeln; schließlich die Neurose und die Psychose als Auswirkungen von Schmerz, Angst, Schuld und anderen Übeln.

In dieser Veränderung der Daseinsbedingungen durch die Schuld ist der Verlust der Freiheit von Konkupiszenz zentral. Die pluralen Strebungen verlieren ihre Sammlung und Ordnung um Glauben, Vertrauen und Liebe. Sie entfalten eine Autonomie der Partialtriebe und entwickeln von daher eine unaufmerksame Rücksichtslosigkeit dem Wohl des Ganzen, dem Wohl des anderen und dem Willen Gottes gegenüber, der nur den Liebenden interessiert.

Die Antriebe werden narzißtisch und egoistisch. Sie neigen zum gewaltsamen Sichdurchsetzen. *Philautia,* Eigenliebe bis zur Selbstsucht regiert das Reich der Antriebe, solange sie nicht geistgeordnet sind.

Konkupiszenz, Begierlichkeit, zeigt sich einmal als kognitive Konkupiszenz, nämlich als ungeduldige, vorschnelle und faule Urteilsbildung, wobei Vorurteile und Wunschdenken die Sachlichkeit abdrängen. Die von Freud beschriebene Minderung der Genußfähigkeit und Lebensfreude, der guten

Laune und Heiterkeit gehört zu den schlimmsten Folgen der Urschuld. Thomas zählt dazu auch die Minderung der sexuell-erotischen Sensibilität. Die Freudlosigkeit der großen Frustration macht den Menschen für alle Versuchungen anfällig. Konkupiszentes Denken ist nach Eugen Bleuler «autistisch undiszipliniertes Denken», das die Wege der Meinungsbildung durch die Täuschungen des Anscheinenden und Plausiblen verbaut.

Konkupiszenz zeigt sich auch als libidinöse und iraszible, aggressive Konkupiszenz. Die Strebungen ordnen sich nicht nach vernünftigen Zielen, sondern werden vom Lustprinzip gelenkt, das auch Destruktions-, Aggressions- und Rachlust, Sadismus, Masochismus, Todestrieb, Nekrophilie und Perversion umfaßt. Anselm von Canterburys Einteilung der Motive in das «Angenehme» und das «Richtige» nehmen Freuds «Lustprinzip» und «Realitätsprinzip» vorweg.

Spontane Wertschätzung der Gefühle folgt darin weder der Rangordnung der Werte noch derjenigen der Dringlichkeiten (*primum vivere, deinde philosophari*). Sie bleibt launisch, irrational. Dazu kommt eine eigentümliche Faszination durch das Unerlaubte, Unrechte, Unvernünftige und Rücksichtslose. Es folgt das Aufbegehren gegen Autorität, der Anreiz alles Rebellischen und Revolutionären.

Bei den Tieren ist die Welt irgendwie in Ordnung. Durch ihre Instinkte und Antriebe sind sie in eine bestimmte Umwelt eingeordnet, der ihr Verhalten genom- und arterhaltend angepaßt ist. Ändert sich die Umwelt in großen Maßstäben oder

treten schädliche Mutationen auf, sterben die Be-
troffenen aus. Die begrenzte Lebensdauer, der Tod
ist im Programm enthalten. Die psychische Ausstattung des Tieres fördert und sichert sein Leben,
nicht selten sogar in fremddienlicher Zweckmäßig-
keit. Kampf ums Dasein, aber auch gegenseitige
Hilfe sind Regulative des Überlebens.

4. Welche seelischen Strukturen und Funk-
tionen sind von der Erbsünde beeinträchtigt?

Zunächst: *die Grundstruktur, der Aufbau der Person bleibt erhalten.* Vor wie nach der Urschuld ist
der Mensch ausgerüstet mit sinnlichem und geisti-
gem Erkennen des unmittelbar Gegebenen durch
Wahrnehmung und Einsicht, des Vergangenen
durch Gedächtnis, des Zukünftigen durch «die Erfahrung», wobei Wahrnehmung, Gedächtnis, Phan-
tasie und schlußfolgerndes Denken zusammenwir-
ken. Nach wie vor kann er Gesetze, Wesenheiten
und Sachverhalte, logische Gebilde, Relationen,
Kausalbeziehungen, Prinzipien und Kontingenzen
erfassen. Nach wie vor vermag er das Angenehme
vom Richtigen zu unterscheiden, weiß er um Gut
und Böse. Vor allem aber bleibt der Mensch einer,
der Gott hören und ihm antworten kann. Er bleibt
Partner Gottes. Er behält die Freiheit, Gott mit
Gottes Hilfe zu lieben oder Gott zu hassen. Er
bleibt in einer Gottbeziehung.

Alle menschlichen Grundkräfte mögen zwar
durch die Ursünde geschädigt sein. Doch bleiben
sie in der Regel funktionsfähig und koordiniert.

Das Lustvolle, Angenehme, das Gute, Wahre und Schöne hat - wenn auch in beeinträchtigter Weise - seine eigentümliche Leuchtkraft für die Erkenntnis und seine Anziehungskraft auf das sinnliche und geistige Streben behalten.

Die Ursünde hat den Menschen nicht zu einem Geisteskranken gemacht, wohl aber zu einem geistig und seelisch Behinderten, zu einem «Psychopathen». Gesundes Urteil mag selten sein, aber es kommt vor, auch den gesunden Menschenverstand gibt es.

Die Versehrung der Erkenntniskräfte zeigt sich im Irrtum. Die theologische Tradition zählt, wie gesagt, die Freiheit von Irrtum zu den «präternaturalen» Gaben vor dem Fall. Dies ist zwar nicht verbindliche Glaubenslehre, aber einleuchtend, denn ohne Konkupiszenz gäbe es keine voreilige, ohne evidente Gründe erfolgende Zustimmung, was den vollen Irrtum ausmacht. Dem steht entgegen, daß das Lernen «durch Versuch und Irrtum» zur Grundstruktur des Erkenntnisfortschritts zu gehören scheint, daß zudem ohne Irrglauben dem Versucher gegenüber der Ungehorsam der Verbotsübertretung nicht möglich wäre. Die Verkennung und Verleumdung Gottes durch den Versucher ist der Einbruch von Täuschung in das geistige Leben. Der Irrglaube, der Vertrauensverlust geht dem Ungehorsam voraus oder ist mit ihm schon identisch. Die Fähigkeit, die Sprache des Glaubwürdigen von der Sprache des Unglaubwürdigen zu unterscheiden, erlischt. Am Anfang des Unheils steht der Verzicht auf die Gabe der Unterscheidung. Damit versagt

auch das Gedächtnis, das Aufmerken auf die Frei-
heitszusagen - «von allen Bäumen dürft ihr essen» -
wie auf ihre Einschränkung mit der Strafwarnung;
all das wird durch die Lüge entkräftet. Der Mensch
läßt sich in die Suggestibilität hineinziehen, er er-
liegt der falschen Autorität des sinnlich Anwesen-
den. Warum tut und duldet er das?

Hier steht die Eindruckskraft der sinnlichen und
zeitlichen Gegenwart einer hier und jetzt begegnenden persönlichen Macht der vom Gedächtnis
bewahrten Treue zur gefühlten, aber vergangenen
Nähe des sprechenden Gottes entgegen. Es steht
Wahrnehmung gegen Erinnerung, Anamnesis.

Möglicherweise haben sich hier die Grundzüge
einer bleibenden *Gefährdung der Urteilskraft* offenbart oder sind gar gestiftet worden: die Über-
macht des Gegenwärtigen und der Gegenwärtigen
über das Gewesene, die Abwesenden, die Über-
schätzung des Neuen und Neuesten gegenüber dem
Alten, die Faszination des fremden Anderen gegenüber dem schon Bekannten.

Wie läßt sich aber diese Labilität, die leichte und
schnelle Verführbarkeit ohne ausdauernden Widerstand, die Unfähigkeit, das Böse im Anblick des
Gegenüber zu spüren, die Vertrauensseligkeit gegenüber dem durch und durch verlogenen Betrü-
ger, der Mangel an physiognomischem Blick und
schließlich das Nichterkennen des Unsinnigen im
Versprechen der Schlange - wie läßt sich all dies
vereinbaren mit der Hellsichtigkeit des reinen Her-

zens, mit den Gaben eingegossenen Wissens, die gerade dort versagen, wo das Heilige in dem schönen Garten der Schöpfung durch das unerwartbare und unerkannte Eindringen des Bösen gefährdet wird? Dabei macht es keinen wesentlichen Unterschied, ob «die Schlange» ein leibhaftiges Wesen ist oder eine Vision, die für geistige und psychische Wirklichkeiten steht, im harmlosesten Fall für die Fähigkeit, alles Mögliche und Unmögliche zu phantasieren, und damit auch schon für das Negative, das Böse. Bereits das Ahnen oder Erblicken eines Möglichen als eines Wertes besitzt Anziehungskraft, kann zur unwiderstehlichen Versuchung werden, wenn keine feste Bindung an einen entgegengesetzten Wert ein Gegengewicht bietet.

Ein solches Gegengewicht ist die Zentrierung des gesamten Akt- und Haltungsgefüges der Person um die Achse der Liebe zum Wahren und Guten, zu den Guten und zu Dem, der die Wahrheit und das Gute in Person ist. Das Gute ist das Liebens-Würdige und das Sich-Anheften daran.

Die Sprengkraft der Ursünde beraubt den Menschen des übernatürlichen, gnadenhaften Magnetismus, mit dem er an Gott und am Nächsten haftet und der die Pluralität seiner auseinanderfließenden Strebungen sammelt, eint und heilt. Die zentrale Anziehungskraft geht nicht mehr vom Schöpfer aus, sondern von den Geschöpfen, zuerst und zuletzt vom Ich: *amor sui*.

Gnoseologische Konkupiszenz, als Situation des Erkennens nach dem Fall, bedeutet, daß eine instru-

mentelle, aus selbstsüchtigen Interessen selegieren-
de Vernunft und Aufmerksamkeit die Sache Gottes
aus dem Blick verliert und das Gespür für das Göttliche selbst wie für die Spiegelung des Göttlichen in
der Schöpfung einbüßt. Die Worte der Sprache verlieren ihre Leuchtkraft. Das Lied, das in allen Dingen schläft und aus ihnen singt, verstummt. Die Botschaft der maßgebenden Wirklichkeit ist undeutlich
und mißverständlich geworden, der Mensch emo-
tional schwachsinnig, wie Sigmund Freud es aus-
drückt.

Die Sprache gerät in eine verwirrende Mehrdeu-
tigkeit; das Verstehen zwischen den Menschen zer-
fällt. Gleichzeitig versagt, wiederum durch selbst-
süchtige Interessen vom Weg des Folgerichtigen
abgedrängt, die Logik und der *illative sense*, der
Folgerungssinn, eine wichtige, von J. H. Newman
beschriebene Komponente der praktischen und exi-
stentiellen Logik. Und selbst wo dies noch richtig
funktioniert, kann Gewißheit ausbleiben, wie umgekehrt der Schein von Gewißheit entstehen kann,
trotz einer Entgleisung des Schließens.

Rechts- und Unrechtsbewußtsein werden blaß.
Sie dringen nicht mehr in den Kernbereich des Ge-
mütes ein, in dem Scham, Reue, Entrüstung wohnen.
Der Zynismus des ziemlich gemütlosen Psychopathen, zu dem der Mensch geworden ist, erdrückt
das feine Gefühl für Anstand, Fairneß, Gerechtigkeit, Konsequenz und Loyalität.

Die schlimmste Schädigung der Erkenntniskräfte nach dem Fall liegt vielleicht darin, daß die kognitive Konkupiszenz sich selbst auffrißt. Die Ver-

zweiflung an der Möglichkeit der Wahrheit oder gar das Verlöschen des Verlangens nach ihr führt zu einem Verlust der Urdynamik des menschlichen Geistes, zu einem Verlust des Fragewillens. Der schlimmste seelische Tod besteht darin, daß der Mensch in einer merkwürdigen Form von lauer Verzweiflung das Fragen nach dem Sinn und der Wahrheit aufgibt. Wo er das konsequent tut, hat er begonnen, «sich selbst in ein listiges Tier zurückzu- verwandeln» (K. Rahner).

5. PSYCHOLOGIE: ANTHROPOLOGIE DER VERLORENEN INTEGRITÄT

Die Evolution lebt von Druckfehlern. Eines ihrer Prinzipien, das konservative, ist exakte Reproduk- tion des Bestehenden, Gleichförmigkeit. Es läßt keine Veränderung, auch keine Verbesserung zu. Es verlangt «ewige Wiederkehr des Gleichen». Die Gleichförmigkeit der Genkopie in der Fortpflan- zung kann aber durch Zufalle gestört werden. Die Materie ist so gebaut, daß Zufallsbewegungen und Chaotik zu ihrem Wesen gehören. Die ungemein komplizierten chromosomalen Gebilde sind sehr gefährdete Ordnungsstrukturen, gefährdet zumal durch die überall gegenwärtige kosmische Strah- lung.

Einstein hat einmal gesagt: «Gott würfelt nicht». Die Schöpfung aber, die Materie würfelt gern und spielt gern. Meist sind solche Störungen in der Gleichförmigkeit für das Leben schädlich. Aber ebenso wie zufällige Druckfehler manchmal einen neuen oder besseren Sinn ergeben als der eigentliche Text, so können biologische Zufallsveränderungen, Mutationen, in äußerst seltenen Fällen zu verbesserten Konstruktionen führen. Ohne solche glücklichen Fehlleistungen keine Evolution - so sagt man.

Im geistigen Leben des Menschen sind Fehlleistungen nicht nur unvermeidlich, sondern geradezu vorgegeben. Die Erkenntnis verdankt ihre Fortschritte unter anderem der Tatsache, daß es nicht nur unfehlbare, sondern auch fehlbare Schlüsse gibt, etwa nach dem Prinzip der Induktion: wenn viele, dann alle. Selbst der höchst fehlbare Satz: wenn einer, dann viele, ist immer ein höchst fruchtbares heuristisches Prinzip der Forschung gewesen. Wesentliche Einsichten der Tiefenpsychologie und Psychotherapie verdanken wir Einzelbeobachtungen, zum Beispiel dem von J. Breuer beschriebenen «Fall Anna O». Wie bereits gesagt, spielt auch im menschlichen Lernprozeß der Fehler, das Lernen durch Versuch und Irrtum eine unverzichtbare Rolle.

Dennoch: Der Urstand des Menschen vor dem Fall besaß so etwas wie einen eingeborenen Fehlleistungsschutz - die Gabe der Integrität. Der Mensch ohne Konkupiszenz kannte keinen drängenden Antrieb, weder zu voreiligem Urteil noch zum Bösen. Er war geschützt vor dem eigentlichen Irrtum im Sinne des Fest-für-wahr-Haltens von etwas, das nicht wahr ist, aber wohl nicht vor falschen Vermutungen, Hypothesen, die aus unerläßlichen fehlbaren Schlüssen fließen. Er war nicht unfehlbar.

Seine Art von Freiheit war auch keine Unsünd-
lichkeit, die erst mit der Vollendung des Gottesbe-
sitzes in der *visio beatifica* gegeben ist. Nicht gegeben war ihm auch die Gabe der Beständigkeit im
Guten, noch - nach einer von großen Theologen ver-
tretenen Meinung - die Freiheit von läßlicher Sünde,
die als uneigentliche Sünde ebenso wie der unvoll-
endete Irrtum auch im Urstand hätte vorkommen
können, und dies ohne Verlust der Heiligkeit und
Gerechtigkeit, ohne Einbuße der Gottesliebe.

Das Bewahrtwerden vor Fehlleistungen, die mit
der Gabe der Integrität gegeben war, gehörte zur
Unschuld des Menschen, war aber nicht fugendicht.
So bedeutet der Verlust der Integrität für ihn auch
den Verlust des Bewahrtseins vor Übeln, vor allem
vor Fehlleistungen aller Art.

Weil das Sinnen und Trachten des Menschen seine zentrale Führung durch die gnadenhafte Liebe ver-
lor, wucherte unter dem neuen Führungszentrum
der Eigenliebe aus der Pluralität konkurrierender
Meinungen und Strebungen ein Konfliktüberschuß,
der nur durch den Überrest einer geschwächten,
»behelfsmäßigen« Gottes- und Nächstenliebe und
gestützt durch soziale Hilfskonstruktionen, wie Gesellschaft und Gesetz, von der brutalsten Despotie
abgehalten werden konnte.

Dies maßlose Wuchern wurde noch gefördert
durch die Abnutzung (Einebnung) aller erreichten
Werte und Güter, die insgesamt, so heiß sie begehrt
wurden, das Verheißene nicht gewähren konnten.
Überdruß und Langeweile im Erreichten lassen uns
«im Erfolg scheitern» (Freud).

In diesem Prozeß bewahrheitet sich bei vielen Menschen die These Freuds: die Hauptabsicht des seelischen Apparates sei Lustgewinn; die These Adlers, die den Gewinn von Macht und Prestige in das Zentrum stellte; die These Karl Barths, Rechthaberei sei die tiefste aller menschlichen Strebungen. Ergänzend zu dieser Herrschaft der Nicht-Liebe, der Welt aus Augenlust, Fleischeslust und Hoffart des Lebens kommt die Neigung, die Ziele der Selbstsucht mit Gewalt durchzusetzen, was die Soziologie Girards herausstellt. So wird Begierde destruktiv. Das Sinnen und Trachten gerät in einen Unrechtsdrall.

Die verschiedenen Schulen der Psychologie, insbesondere der Psychoanalyse, sind insofern Formen biblischer Anthropologie, als sie die Psychologie des Menschen der verlorenen Integrität unter der krebsartigen Wucherung der gnoseologischen, libidinösen und irasziblen Konkupiszenz aufzeigen. Psychoanalyse ist die anschauliche Darstellung des Begriffes «Fleisch» bei Paulus und «Welt» bei Johannes.

6. Leid als Folgelast und Umkehrchance

Durch den Fall sind also keine Naturgesetze verändert worden. Die Sünde hat den Tod nicht erfunden. Millionen Jahre vor dem Auftreten des Menschen gab es Tod, Kampf und Krankheit. Mammute, im polaren Eis gefrierfrisch erhalten, zeigen bösartige Tumoren, die vermutlich ähnlich schmerzhaft quälten wie bei Menschen.

Fehlleistungen gibt es nicht nur im Bereich des Erkennens und Strebens, sondern auch im Bereich der Gefühle. Dem Urstandsmenschen dürfen wir Orthothymie zuschreiben; der Gefallene ist in seiner Kraft, «die Dinge zu schmecken, wie sie sind» (Bernhard von Clairvaux), geschädigt. Seine Antwort auf die begegnenden Werte entspricht nicht mehr ihrer Rangordnung und ihrem Sinn. Versuchung geschieht immer unter dem Schein des Guten. Der gefallene Mensch hat Angst, wo nichts zu fürchten ist (Ps 53, 6), ist hingerissen vom Nichtliebenswerten, liebt die Finsternis mehr als das Licht. Grelle Beispiele dafür sind Schadenfreude und Freude an der Grausamkeit. Josef Bochenski sagt: «Was wir in diesem Leben am meisten begehren sollten, ist das Licht, das Verständnis der Werte und die Kraft, sie zu verwirklichen.» Beides ist durch den Fall vermindert, das Licht verdunkelt, die Kraft geschwächt.

Der bei den Tieren meist so zuverlässige Kompaß des Fühlens hat beim Menschen eine Mißweisung, seine Lebensbahn zeigt einen Unrechtsdrall, weil der Richtstrahl des *ordo amoris* flackert.

Die psychoanalytische Erfahrung und Lehre vom Überich entspricht der Tatsache, daß das Gewissen fehlgeleitet ist und durch den Einfluß sozialer Traditionen mit falschen Maßstäben und Maximen Fehlleistungen des Fühlens und Urteilens hervorbringt. Erziehung, Gesellschaftsstrukturen und Umweltssuggestionen setzen uns verwirrenden Strömungen und Strudeln der Meinungsbildung und des Wertfühlens aus, die uns vom Guten zum

Schein-Guten abtreiben - vom Gewissen zum Über-ich.

Die Sophistik solcher Einflüsse ist Bestand-teil jeder sozialen Situation seit der Ursünde. Sie durchdringt auch die Mauern der Kirche, wie sie in die Gärten des Paradieses eindringen konnte.

Der Weg des Menschen außerhalb des Urstan-des enthält Neuigkeiten, die gemeinsam ein Neues bilden: das Leid, das sich in Schmerz, Frustration, Krankheit, Mühsal, Traurigkeit, Streß, Angst und Tod entfaltet; die Passibilität, das Elend des Da-seins, seine Endlichkeit und individuelle Begrenzt-heit: wir können nicht alles haben und nicht alles sein, was das Herz begehrt. Endlichkeit und Gren-zen bestimmten schon die heile Situation. Sie boten die Chance der Zustimmung, die schöne Herausfor-derung zur großherzigen *Acceptance* des Vertrau-ens. Auch die neue Situation behält diese Chance. Die Akzeptanz des Leids ist die größte Möglichkeit des Menschen, eine Herausforderung, den trotzigen Protest gegen Endlichkeit und andere Determinan-ten des Daseins in Großmut zu überwinden. Diese Großmut heißt Buße.

Leid, Tod und alle Übel, ja schon das Erahnen und Erblicken solcher Möglichkeiten, tauchen den Menschen in Fluten von Angst und Sorge. Seine Exi-stenz ist ungesichert, von Gefahren umlauert, vom sicheren Todeslos bedroht. Kein Lebensnotwendiges und kein Wünschenswertes hat er sicher im Griff. Das Sinnen, Trachten und Tun ist seither weithin Flucht, Abwehr und Vermeidungsverhalten. Doch

Angst, Abwehr und Mißtrauen können Quellen vieler positiver Anstrengungen sein, aber auch großer Aggressionen und Rivalitäten. Alle Laster enthalten diese Elemente.

7. Via purgationis: Die agonale Herausforderung

Ein Zentralbegriff der Psychoanalyse heißt: Widerstand. Widerstand gegen den Heilungsweg und gegen alle, die ihn fördern oder gar fordern. Wie viele Grundbegriffe der Psychoanalyse ist «Widerstand» auch einer der wichtigsten Begriffe einer Anthropologie des Menschen nach dem Fall. Widerstand gegen alle Heilmittel, die uns verordnet sind für den Heilsweg. Widerstand vor allem gegen das Leid, gegen Buße und Sühne - die Worte allein erwecken Abscheu.

Auch dem Glaubenden fällt es ungemein schwer anzuerkennen, daß die Menschheit und er selbst viele Schmerzen und Mühen, viele Versagungen und Mängel in Geduld annehmen, das heißt bejahen muß auf dem Wege des Heils, der zunächst eine *via purgationis,* ein Weg der Reinigung ist.

Die entsetzliche Härte der Weltverhältnisse erscheint uns durchaus unverdient, grausam, und ihre göttliche Zulassung empörenswert, weil wir ihre Verdientheit und Angemessenheit nicht einsehen und bejahen können. *Wir leben im Unschuldswahn,* fühlen uns ständig ungerecht behandelt und nehmen übel. Die untergründige Gereiztheit gegen Gott zeugt davon.

Der Widerstand gegen alle Einsichten eigener oder gemeinsamer Schuld provoziert erbitterte Abwehr. Dieses Sichsträuben gegen jede tiefere Infragestellung der eigenen Person durch das Gewissen macht den Menschen ungeduldig und demutsfeindlich. Er will an jenem Narzißmus festhalten, der aus dem Satz besteht: *I am okay!* oder jedenfalls: Ich bin keineswegs so schlimm wie jene anderen, die wirklichen Sünder es sind, oder wie Jesus mich hinstellt. Ich bin normal, und normal heißt ausreichend gut. Ich gebe alles zu und bereue nichts. *Je ne regrette rien.*

Auch der so weit verbreitete Minderwertigkeitskomplex besitzt nicht selten eine Entlastungsfunktion: da ich leider unverschuldet so minderwertig bin, wie ich mich sehe, darf mir niemand meine wahren Minderwertigkeiten vorwerfen oder gar eine Anstrengung zum Guten von mir verlangen, die ich weder leisten kann noch mag.

Selbst wer den Offenbarungsgehalt der Bibel ablehnt, wird immer noch anerkennen können, daß die Heiligen Schriften geniale ätiologische Phantasien sind, in denen ein Volk für die üblen Charakterzüge der Menschheit einen erklärenden Traummythos erdichtet, der die Grundzüge des Bösen darstellt und zugleich einen Teil der Verantwortung auf die Schlange als großen Unbekannten abschiebt.

Alle Menschen sind mit «ungeordneten» Neigungen und Gefühlen belastet. Die einen stören sich nicht an der Unordnung, sie folgen einfach den jeweils stärksten Tendenzen und lehnen jeg-

liches Angehen gegen solche, jede Selbstverleug-
nung ab. Sie bleiben in der Trägheit des Herzens
stecken.

Andere sind bereit, ungeordnete Neigungen zu
bekämpfen, solange es leicht geht und nicht zuviel
kostet.

Wieder andere versuchen mit Schmerz und Mühsal die Freiheit zum Guten gegen ungeordnete Neigungen durchzusetzen. Für sie ist der Widerstand
der Natur, der Selbstsucht und der Trägheit des
Herzens, sofern und soweit sie sich davon absetzen
können, *eine agonale Herausforderung,* die einen
Kampf mit vielen Niederlagen einleitet.

Eine zutiefst ungute konkupiszente Grundein-
stellung ist die Gleichgültigkeit bis zur Mißachtung
von Rechten, Wünschen und Gefühlen anderer. Die
eigenen Wünsche und Bedürfnisse werden zu An-
sprüchen. Kein Feingefühl, kein Takt der Schonung,
keine Einfühlung in die Verletzlichkeit des anderen
wird zugelassen, wenn dieser machtlos und wehrlos
ist. Oft wird das Einfühlungsvermögen völlig in
Fühllosigkeit hinein ertötet, damit eigene Ansprü-
che ungestört durchgesetzt werden können. Eine
unbeschnitten wuchernde Wunschphantasie führt
bald und schnell zu einer grundlegenden Unrechts-
bereitschaft.

Die griechische Lehre von den Kardinaltugen-
den: Klugheit, Gerechtigkeit, Tapferkeit, Zucht und
Maß hat in der christlichen Menschenlehre ein so
weites Echo gefunden, weil in ihnen die hilfreich-
sten Heilmittel gegen die weiterwirkenden, selbst
durch die Bekehrung nicht aufgehobenen und teil-

weise destruktiven Kräfte der dreifachen Konkupiszenz gesehen wurden.

Gemeinsames Los aller Menschen ist es, daß
sich in ihrem Leben Freude und Leid, Positives und
Negatives mischt. Oft so, daß Mühsal, Unbehagen
und Frustration überwiegen. Nicht Lebensfreude
herrscht, sondern im günstigsten Falle ein «laues
Behagen» - nach Sigmund Freud die einzige Form
von Glück, die dem Menschen vergönnt ist.

Bei vielen ist die Lust-Unlust-Bilanz über lange
Zeit negativ, bei nicht wenigen furchtbar.

8. Schuld und Sühne

Es ist schwer zu glauben, daß die geballte Liebe und
Weisheit Gottes kein besseres Heilmittel habe er-
finden können als dieses eine, das so viel Unfreude,
Leid, Mühsal und Elend enthält. Jedoch: die über
alles sichere Einsicht auf der einen Seite, daß Gott
nur heilig und - ohne jeden Schatten von Bösem,
von Gleichgültigkeit, Rachsucht oder Unversöhn-
lichkeit - das unendlich Gute sein kann, und die
über alle Zweifel erhabene Gewißheit auf der andern Seite, daß viele von uns furchtbar leiden, ergeben einen Widerspruch, der, ohne aufgelöst zu werden, nur erträglich bleibt, wenn das Leid und seine
Wurzel, die Konkupiszenz, letztlich zu etwas gut
sind und nur darum sein und bleiben dürfen. Wozu
sind sie gut?

In der Antwort auf diese Frage, die den bitteren
Bodensatz im Glauben sichtbar macht, liegt ein
letzter verständlicher Grund, den Glauben abzu-

lehnen. Denn es geht darin nicht einfach um Gnadengaben und um Aufhebung von Schuld, sondern, wie gesagt, um Sühne. Das Erscheinen zielentfremdeter Begierden nach dem Fall ist eine Herausforderung zur Sühne, auf die Gott nicht verzichtet hat. Nichts nehmen wir Gott so übel wie dies sein Bestehen auf Sühnezeichen. Diese aber sind das vorzügliche Material, in das hinein sich Bekehrung, Sinneswandel, Demut und Großmut verleiblichen kann und will. Sühne ist Verleiblichung des Heils.

Robert Spaemann

ÜBER EINIGE SCHWIERIGKEITEN MIT DER ERBSÜNDENLEHRE

Der theologische Laie nimmt seit einer Reihe von
Jahren mit Verwunderung zur Kenntnis, daß in der
katholischen Verkündigung ebenso wie in der theologischen Literatur, die ihm zu Gesicht kommt,
vom *peccatum originale* entweder kaum die Rede
ist, oder daß diese Lehre sogar ausdrücklich - unter
Verschweigung der *Canones* des Trienter Konzils -
als von Augustin inspirierter Irrweg abgetan wird.
Verwunderung erzeugt dies deshalb, weil ja die
Offenbarungsquellen in diesem Punkte ganz un-
zweideutig sprechen. «Denn ich bin in Schuld geboren; in Sünde hat mich meine Mutter empfangen»,
schreibt der Psalmist (Ps 51). Und der heilige Paulus: «Durch einen Menschen ist die Sünde in die
Welt gekommen», «wie durch die Verfehlung des
Einen über alle Menschen die Verdammung kam»
und «wie die Vielen durch den Ungehorsam des
einen Menschen zu Sündern gemacht wurden»
(Röm 5, passim). Die Frage, die ich erörtern möchte,
ist nicht die nach der Kunst, so eindeutige Zeugnis-
se irgendwie durch Interpretation zum Schweigen
zu bringen. Meine Frage ist eher die nach den Grün-
den für diese Bemühung. Meistens geht es in solchen
Fällen wohl darum, bestimmten Schwierigkeiten aus
dem Wege zu gehen, denen sich die Verkündigung
einer Glaubenswahrheit in der heutigen Welt ge-
genübersieht. Ich werde also nach diesen Schwierigkeiten fragen, um dann allerdings auf die weit
größeren Schwierigkeiten hinzuweisen, die sich bei
einer Preisgabe der Erbsündenlehre ergeben. Diese
Schwierigkeiten sind nicht nur innertheologischer
Natur - die Konsistenz der christlichen Erlösungs-

lehre wird insgesamt zerstört -, es zeigt sich vielmehr, daß die Erbsündenlehre einen tiefen Erklä-
rungswert im Rahmen der menschlichen Selbstver-
ständigung besitzt. An die Stelle dieser Lehre treten
daher, sobald sie schwindet, funktionale Äquivalente.
Tatsächlich besitzen diese Äquivalente jedoch ge-
ringere Plausibilität als das Original. Und so werde
ich am Schluß dieser Überlegungen auf einige Anknüpfungspunkte für das Verständnis des Erbsündendogmas im Gegenwartsbewußtsein hinweisen.

I. Dogma im Widerspruch

Das katholische Erbsündendogma hat zwei konstitutive Teile. In seinem Kern sagt es etwas über die Gottesbeziehung des Menschen, über den Verlust einer ihm ursprünglich zugedachten Heiligkeit und das Hineingeborenwerden in eine Existenzform, in der der Mensch seiner ursprünglichen Bestimmung bereits verlustig ist, so daß seine Existenz sich - ohne göttliches Eingreifen - gar nicht mehr lohnen würde: «Umsonst wären wir geboren, hätte uns nicht der Erlöser gerettet» (Exsultet der Osternacht). In seinem zweiten Teil deutet das Erbsündendogma die empirische Verfassung des Menschen, die Kluft zwischen dieser Verfassung und dem Bild von Vollkommenheit und Glückseligkeit, das der Mensch offensichtlich in sich trägt. Diese Kluft wird nun nicht als zur *conditio humana* gehörige Normalität akzeptiert - was die Vision heilen Lebens zur «überschwenglichen» Illusion werden ließe -, sondern sie wird kausal zurückgeführt auf eben jenen Verlust der Heiligkeit durch die ursprüngliche Tat eines ersten Menschen. Insofern ist die Erbsündenlehre ein ätiologischer Mythos. Das gestörte Verhältnis der Menschen zu Gott hat seinen Grund in einer anfänglichen Tat. Und es ist selbst Grund der gegenwärtigen empirischen Verfassung der Menschheit. So jedoch, daß mit der Aufhebung des Grundes nicht auch schon die empirischen Folgen verschwunden wären - so wie ja auch Jesu Sündenvergebung die Heilung des Gelähmten nicht zur automatischen Folge hat. Diese bedarf vielmehr eines eigenen Heilungsaktes. Auch körperliche Krankheiten können bekanntlich ihrerseits Folgen haben, die die Krankheit überdauern. Weil nach katholischer Lehre die Folgen der Erbsünde mit der Erbsünde nicht zugleich getilgt werden, entzieht sich das Dogma in seinem Kern jeder empirischen Nachprüfung. Die Lehre von der Erbsünde gehört daher, wie Scheeben zurecht betonte, zu den «Mysterien des Christentums» im strikten Sinn.

Mysterien sind dadurch gekennzeichnet, daß sie nicht nur nicht beweisbar sind, sondern daß ihrem Inhalt auch keine adäquate Erfahrung zugeordnet werden kann. Das heißt jedoch nicht, daß ihr Inhalt für uns den Charakter der Beliebigkeit hätte und der Glaube an sie folgenlos wäre, ein «Rad, bei dessen Drehung sich nichts mitdreht» (Wittgenstein). In diesem strikten Mysteriencharakter der Erbsünde liegt übrigens bereits der erste Grund für den Widerstand gegen diese Lehre. Es gibt heute eine Überbetonung der Erfahrung im Bereich des christlichen Glaubens. Diese Überbetonung muß unvermeidlich zu Frustrationen und Enttäuschungen führen. Der Glaube ist nämlich gerade die Antwort auf ein konstitutionelles Erfahrungsdefizit im *status viatoris*. Er behebt aber dieses Defizit nicht. Und das gilt gerade für das, was wir mit den Worten «Heiligkeit» und «Sünde» bezeichnen. Die Sünde ist das erste, dessen der Geist die Welt überführt (Joh 16,8). Und wir bleiben hierfür auf das Zeugnis des Geistes angewiesen. Die Folgen menschlicher Schuld sind uns allenthalben unmittelbar erfahrbar, die absolute Dimension unserer Verfehlungen jedoch nicht, und so auch nicht die absolute Dimension der Vergebung. Das gilt nun erst recht für jene Gottferne, die ihren Grund gerade nicht in eigenen Verfehlungen hat, sondern unsere Existenz vom Augenblick ihres Beginnes an prägt. Gegen diesen Gedanken sperrt sich das moderne Bewußt-sein aus sehr tiefen Impulsen heraus.

Ich versuche im folgenden, vier Ursachen dieses Widerstandes zu benennen:
1. Naturalismus
2. Spiritualismus
3. Individualismus
4. das Postulat der Beherrschbarkeit aller mensch-lichen Lebensverhältnisse.

1. Naturalismus
Die das moderne Bewußtsein beherrschende Macht ist die neuzeitliche Naturwissenschaft. Die natur-wissenschaftliche Betrachtung der Wirklichkeit geht nicht aus auf «wesentliches» Verstehen dessen, was ist, sondern auf das Begreifen von Funktionszu-sammenhängen und damit auf das Bereitstellen von Eingriffsmöglichkeiten in die Natur. Diese Be-trachtung der Wirklichkeit ist eine Betrachtung «etsi Deus non daretur». In ihr kann so etwas wie Sünde a priori nicht vorkommen. Die Lehre von der Erbsünde setzt, wenn sie theoretisch entfaltet werden soll, eine Schöpfungsmetaphysik voraus. Die Metaphysik, die im christlichen und islami-schen Raum entstanden war, hatte die empirische Wirklichkeit als ganze gewissermaßen in eine

Klammer gesetzt, deren Inhalt indifferent gegen Existenz oder Nichtexistenz war. Die Klammer symbolisiert das, was wir «Kontingenz» zu nennen gewohnt sind. Zu einer Aussage wird der Inhalt einer Klammer erst durch das Symbol, das vor ihm steht. Die Existenz der Welt im ganzen verdankt sich nicht dem Inhalt der «Klammer», sondern dem freien Willen des Schöpfers. Das Universum könnte auch nicht sein. Und es könnte anders sein, als es ist. Die christliche Lehre von der Sünde der Engel und von der Urschuld des Menschen sagt tatsächlich, daß die Welt ursprünglich anders war und anders gemeint war, als sie ist. Die christliche Lehre kennt daher so etwas wie eine zweifache Kontingenz, eine doppelte Klammer. Zwischen der äußeren und der inneren Klammer steht die Entscheidung dessen, der die Schöpfung «der Nichtigkeit unterworfen hat» (Röm 8, 20). Ihr jetziges So-Sein ist die Folge der anfänglichen Entscheidung freier, geistiger Wesen. Zumindest gilt dies für die Menschenwelt. Aristoteles hatte gesagt, daß die Weise, wie natürliche Wesen sich *«ut in plurimis»*, wie sie sich meistens verhalten, Ausdruck jener Normalität ist, die wir die «Natur» dieser Wesen nennen. Die moderne Evolutionstheorie belehrt uns, daß diese Natur Resultat eines Evolutionsprozesses ist, der seinerseits letzten Endes auf physikalische Faktoren zurückgeführt werden kann. Wir können im Prinzip nicht besser sein, als wir sind. Alle Ethik muß sich an der tatsächlichen Natur des Menschen orientieren. Und was Natur ist, das sagt uns nicht vernünftige Einsicht, sondern «Erfahrung». Das

«Natürliche» und damit das Normale sind letzten Endes statistische Begriffe. Wenn Kant die Berufung auf Erfahrung in Sachen der Moral «pöbelhaft» nannte, so muß man darin, ebenso wie in seinem Begriff des «radikal Bösen» noch Nachwirkungen der christlichen Erbsündenlehre sehen. Ganz im Gegensatz hierzu, also im Sinne des Naturalismus, schreibt ein Moraltheologe, es werde höchste Zeit, daß wir in moralischen Dingen dem Begriff der «Vollkommenheit» als einer Chimäre absagen.[1] Was er mit den Worten Jesu: «Seid vollkommen wie euer Vater im Himmel vollkommen ist», anfängt, bleibt sein Geheimnis.

Der Naturalismus ist letzten Endes eine ungeschichtliche Theorie des Menschen, sofern nämlich Geschichte etwas mit Freiheit zu tun hat. Auch die Evolutionstheorie ist nicht eigentlich eine geschichtliche Theorie des Menschen, sondern die Zurückführung seines Wesens auf einen Prozeß, der seinerseits nichts anderes ist als das Resultat der Interferenz vieler auf Naturgesetze zurückführbarer Mikroprozesse. Die Überzeugung, das Ganze der menschlichen Lebenswelt sei das Resultat einer anfänglichen Grundentscheidung, und was wir die «Normalität» der *conditio humana* und der in ihr gründenden Lebenspraxis nennen, sei eine Deformation und gründe in einer vor aller Geschichte liegenden Fehlentscheidung und in einem gestörten

---

1 A. Guindon, Du réalisme moral. In: Studia Moralia, Roma 1980. Vgl. hierzu: Robert Spaemann, Humanwissenschaften oder praktische Weisheit. Ebd. 1981.

Gottesverhältnis, ist für diese Weltsicht ein Fremd-
körper. Es gibt zwar gegen diese Überzeugung
nicht eigentlich ein rationales Argument. Aber ein
rationales Argument gibt es, wie David Hume gezeigt hat, auch nicht gegen die Behauptung, alle bisher geltenden Naturgesetze würden nur bis zum
15. November 1992 gelten. Nur: niemand von uns
glaubt das. Nicht rationale Argumente, sondern der
gesunde Menschenverstand stehen gegen diese Annahme. Was gegen die Erbsündenlehre und ihre
Relativierung unseres Normalitätsbegriffs spricht,
sind ebenfalls nicht rationale Argumente, sondern
der sich als gesunder Menschenverstand ausgeben-
de neuzeitliche *Common sense*. Dieser aber beruht
auf einer naturalistischen und szientistischen Vor-
entscheidung. Diese wiederum reicht bis tief hinein
in die heutige Verkündigung. Das christliche Verständnis des Menschen und der richtigen Lebenspraxis ist hier oft nicht das Maß, an dem sich alles
andere messen lassen muß, entsprechend dem Wort
des Apostels: «Der geisterfüllte Mensch urteilt über
alles, ihn aber vermag niemand zu beurteilen»
(1 Kor 2,15), sondern die christliche Lebenslehre
stellt sich unter Rechtfertigungszwang gegenüber
Maßstäben, die aus eben jener «Normalität» gewonnen werden, die doch nach genuin christlichem
Verständnis eine von Anfang an falsche Normalität
ist, so daß alles christliche Leben mit einer «Um-
kehr» zu beginnen hat.

Es ist wichtig, sich dies klarzumachen. Insbesondere ist es wichtig zu sehen, daß es sich im

Kampf zwischen Christentum und Naturalismus um den Kampf zwischen zwei paradigmatischen Weltansichten handelt. In diesem Kampf gibt es durchaus Argumente. Aber sie sind nicht «zwingend». Sie haben mehr den Charakter von Gewinn- und Verlustrechnungen. Und die Entscheidung zwischen den Paradigmen hängt letzten Endes davon ab, aus welcher Perspektive man «mehr zu sehen» bekommt. Im Grunde handelt es sich um eine Entscheidung ähnlich derjenigen, die sich entschließt, die Kontingenzerfahrung ernstzunehmen oder als «überschwenglich» abzuwürgen. Die Lehre von der Erbsünde ist eine doppelte Kontingenzlehre.

Es scheint sich allerdings auch für den gläubigen Wissenschaftler, der nicht von vornherein einer paradigmatischen Option verschrieben ist, ein sozusagen innerwissenschaftliches Problem mit der Erbsündenlehre zu ergeben. Das Erbsündendogma hat nämlich einen inneren Zusammenhang mit dem Monogenismus, von dem nicht leicht zu sehen ist, wie er auflösbar sein könnte. Wenn, wie das Trienter Konzil sagt, die Urschuld sich nicht durch Nachahmung, sondern durch Zeugung tradiert, dann ist schwer zu sehen, wie dieser Gedanke, daß in einem Menschen alle gesündigt haben, festgehalten werden kann, wenn gar nicht alle heute lebenden Menschen von einem Menschenpaar abstammen. Das Erbsündendogma scheint dann zu einer mythologischen Chiffre für die Beschreibung einer Grundbefindlichkeit des Menschen zu werden. Woher aber dann diese defiziente Grundbefindlichkeit? Wenn wir sie nicht naturalistisch, evolutionistisch begründen und das heißt eliminieren wollen, dann scheint unvermeidlich der Schöpfer des Menschen selbst damit belastet zu werden, eine Verfassung geschaffen zu haben, die bisher als Schuld dem Menschen angelastet wurde. Wenn aber die Erbsünde nur, wie zum Beispiel für Kierkegaard, die Beschreibung des Verlustes einer Unschuld wäre, die jeder Mensch neu verliert, dann müßte doch gesagt werden, *warum* jeder Mensch sie verliert. Entweder es liegt im Wesen des Menschen, sie zu verlieren, - dann handelt es sich nicht um eine Schuld. Oder aber wir können nicht wissen, ob jeder Mensch sie verliert und daher der Erlösung bedürftig ist. Das Erbsündendogma spricht aber tatsächlich gar nicht von dem psychologischen Vorgang des Verlustes der Unschuld, sondern es schreibt die verlorene Unschuld bereits dem neugeborenen Kind zu. Woher aber dies? Wenn man daher genötigt wäre, den Monogenismus preiszugeben, bleibt, so scheint mir, nur jene Interpretation des Paradieses und der Erbsünde, die Origenes vertrat und die in der esoterischen Tradition immer lebendig geblieben ist, nämlich die Verlegung des Paradieses und des Sündenfalls in einen strikt vorgeschichtlichen Raum und die Interpretation der irdischen Existenz des Menschen von Anfang an als eine Existenzform, die sich bereits einem Abfall verdankt. Mir scheint, daß man das erneute Interesse an dieser Sicht der Dinge, wie es zum Beispiel in den «Meditationen über die großen Arcana des Tarot» seinen Niederschlag gefunden hat, von hierher

verstehen muß.[2] Allerdings hat ja nun der Monogenismus in allerjüngster Zeit durch die genetische
Forschung eine unerwartete Stützung erfahren, so
daß es sich als sehr berechtigt gezeigt hat, ihn nicht
vorschnell und leichtfertig preiszugeben. Der «Fall
Galilei» darf ja nicht dazu verführen, von nun an
die christliche Lehre von vornherein so zu formu-
lieren, daß jeder mögliche Konflikt mit irgendeiner
empirischen Tatsachenbehauptung ausgeschlossen
bleibt. Die christliche Religion ist zumindest von
einigen *vérités de fait* keinesfalls abzulösen, wenn
auch die Abgrenzung der glaubensrelevanten Tatsachenwahrheiten nicht a priori trennscharf gemacht
werden kann. Aber schon die Tendenz, den Kreis
dieser Tatsachenwahrheiten im Interesse der Kon-
fliktvermeidung von vornherein so klein wie möglich zu halten, hat einen hohen Preis. Konfliktver-
meidung ist in diesem Bereich ebenso wie in der
Ethik keineswegs der höchste Gesichtspunkt.

2. Spiritualismus
Ein weiterer Grund für die Schwierigkeiten, das
Erbsündendogma zu rezipieren, liegt in dem, was
ich den Spiritualismus des neuzeitlichen Bewußtseins nennen möchte. Descartes setzt die weltlose
res cogitans der gesamten mundanen Wirklichkeit
gegenüber und trennt sie von ihr durch eine un-
überbrückbare ontologische Kluft. Die Geschichte

---

[2] Vgl. Anonymus d'Outre-Tombe, Die großen Arcana des Tarot.
Meditationen. Mit einer Einführung von H. U. v. Balthasar,
ed. Martin Kriele und Robert Spaemann, Basel 1983, S. 251 ff.

der neuzeitlichen Wissenschaft ist eine Geschichte fortschreitender Vergegenständlichung aller naturalen Bestände. Ohne diesen Prozeß hier auch nur andeutungsweise nachzeichnen zu wollen, kann man doch sagen, daß die Tendenz zum Beispiel innerhalb der gegenwärtigen Moraltheologie, den Personbegriff von einer «Natur des Menschen» abzulösen und die Natur des Menschen im Verhältnis zu seiner Personalität gegenständlich und instrumentell zu verstehen, in der Linie dieses Spiritualismus gesehen werden muß, der nur die andere Seite des oben genannten Naturalismus ist. Nun ist aber das Gottesverhältnis des Menschen wesentlich der Personalität des Menschen zugeordnet. Wenn Personalität und Natur des Menschen durch eine solche ontologische Kluft voneinander getrennt sind, dann ist es unplausibel, das Gottesverhältnis des Menschen, also die tiefste Mitte seines Personseins, negativ affiziert zu denken durch das bloße Faktum des Hineingeborenwerdens in den menschlichen Gattungszusammenhang. Heiligkeit oder Unheiligkeit der Person muß vielmehr als etwas gedacht werden, das ganz unabhängig von allem ist, was durch irgendeinen Zeugungszusammenhang tradiert werden könnte. Wenn hier überhaupt eine kollektive Verstrickung angenommen werden soll, dann kann sie nur personal vermittelt werden, durch kommunikative Strukturen, also durch Ansteckung, Nachahmung, Verführung, durch Situationen, die für keine Handlungsweise Raum lassen, die ohne Schuld wäre. Gerade diejenigen, die das Erbsünden-dogma im authentischen Sinn leugnen, vertreten

oft die mit dem katholischen Glauben unverein-
bare Lehre von einem unvermeidlichen persönlichen
Schuldigwerden.

3. Individualismus

Die genannte Schwierigkeit ist verwandt mit derjenigen, die sich aus dem neuzeitlichen Individualismus ergibt. Das Erbsündendogma lehrt so etwas
wie eine «Sippenhaftung». Sippenhaftung aber ist
mit dem neuzeitlichen Gedanken individueller Men-
schenrechte unvereinbar. Aber hat nicht schon der
Prophet von der Zeit gesprochen, in der das Sprich-
wort nicht mehr gelten wird: «Die Väter haben saure
Trauben gegessen und den Kindern sind die Zähne
stumpf geworden»? (Jer 31, 29) Das Erbsündendogma scheint in seinem archaischen Charakter
noch hinter einen Individualismus zurückzugehen,
der schon in der prophetischen Zeit Israels erreicht
war. Die klassische Antwort auf diesen Einwand
ist, daß dasjenige, was den Menschen in Folge der
Urschuld entzogen wird, von vornherein unge-
schuldet war, freie Gabe, deren Entzug Gott vor
niemandem zu verantworten hat. Aber diese Antwort ist für den modernen autonomistischen Individualismus schwer zu verkraften, und wie sehr die
christliche Verkündigung von diesem angesteckt
ist, kann jeder leicht feststellen, der als Laie Gele-
genheit hatte, viele Predigten über das Evangelium
von den Arbeitern im Weinberg anzuhören. Kant
meinte, der Mensch könne keine *opera supereroga-
toria* («Werke der Übergebühr») tun, sondern nur
seine Pflicht, und die konsequenzialistische Mo-

51

raltheologie folgt ihm darin. Aber sehr verbreitet ist die Vorstellung, Gott könne dies auch nicht. «Gnade» sei nur ein metaphorischer Ausdruck für die *justitia distributiva,* die Gott auch bei der Verteilung des Überflusses sich und uns schuldig sei. Daher scheint es vielen modernen Menschen ein Zeichen mangelnder Solidarität zu sein, wenn man dafür dankt, von einer Not errettet zu sein, der andere zum Opfer gefallen sind. Es gehört kreatürliche Demut zu diesem Dank. Wenn Freundschaft mit Gott die wesentliche Bestimmung des Menschen ist, wie kann dann Gott einen Menschen in die Welt treten lassen als einen solchen, der diese wesentliche Bestimmung von vornherein ohne eigene Schuld bereits verfehlt hat?, so lautet die kritische Frage des religiösen Individualismus.

4. Das Postulat der Beherrschbarkeit
Wesentlich für die neuzeitliche Zivilisation ist das Programm fortschreitender Veränderung und Verbesserung der menschlichen Lebensverhältnisse. Rousseau war der Meinung, daß der Mensch, von Natur gut, durch die gesellschaftlichen Verhältnisse schlecht werde. Daß diese gesellschaftlichen Verhältnisse veränderbar sind, diese Überzeugung ist erst nach Rousseau voll ausgebildet worden. Kant steht ziemlich einsam da mit seiner These, der Mensch sei aus so krummem Holze geschnitzt, daß niemals etwas vollkommen Gerades aus ihm werden könne. Erst die moderne evolutionstheoretische Schule hat für die Krummheit dieses Holzes eine naturalistische Erklärung bereit. Aber eine na-

turalistische Erklärung geben heißt zugleich, Mittel an die Hand geben für eine mögliche Veränderung. Der Gedanke einer gezielten Veränderung der menschlichen Natur ist durch die moderne Gentechnologie näher gerückt. Prinzipiell erscheint auch die Natur des Menschen als disponibel für verändernde Eingriffe. Das Dogma der Erbsünde liegt zu diesem Veränderungsprogramm eigentlich quer. Mit dem Naturalismus hat es die Ansicht gemeinsam, daß die Mängel des Menschen, insbesondere seine sittlichen Mängel, nicht primär und ausschließlich durch eigenes Verschulden verursacht, sondern eine Mitgift sind. Vom Naturalismus unterscheidet es sich dadurch, daß es diese Mitgift, obgleich auf dem Wege der Zeugung weitergegeben, doch nicht auf der Ebene der Gene angesiedelt denkt, sondern als Verstrickung in einen personalen Schuldzusammenhang versteht. Daher läßt sich der Schaden auch durch keinerlei Eingriffe in gesellschaftliche oder physische Strukturen beheben, sondern nur durch eine stellvertretende Tat von gleicher repräsentativer Kraft wie die Tat des ersten Menschen. Aber die Wirkung dieser stellvertretenden Tat pflanzt sich nicht durch Zeugung fort, sondern durch einen freien Akt des Glaubens und durch eine realsymbolische, das heißt sakramentale Handlung. Beides ist kein auf der Ebene der *Poiesis*, des Machens, angesiedelter, verändernder Eingriff. Insbesondere steht der Gedanke der Stellvertretung zum neuzeitlichen Individualismus ähnlich quer wie der Gedanke einer Schuldverstrikkung durch die Tat des ersten Menschen.

Widerstände gegen das Erbsündendogma zielen, wenn wir absehen vom strikten naturalistischen Materialismus im allgemeinen nicht auf dessen ersatzlose Eliminierung, sondern auf seine Ersetzung durch scheinbar plausiblere Äquivalente. Was sollen diese Äquivalente leisten? Sie sollen, wie es das Erbsündendogma tat, eine Erklärung dafür bieten, daß der Mensch keinen Grund findet, mit sich und seiner Welt, mit seiner Kultur und seiner etablierten Lebenspraxis zufrieden zu sein. Die statistische Normalität korrespondiert offensichtlich nicht dem, was wir als Inbild gelungenen Menschseins in uns tragen. So erfuhr die Lehre von der Erbsünde eine Reihe von säkularen Metamorphosen.

1. «Erbsünde» als notwendiger Schritt zur Freiheit

Die Theorie, die am meisten Epoche gemacht hat, ist diejenige Rousseaus, wie sie in seinem *«Discours sur l'inégalité parmi les hommes»* entwickelt wird. Alle geschichtsphilosophischen Spekulationen des Deutschen Idealismus sind von hierher beeinflußt worden. Ebenso die Geschichtsphilosophie von Karl Marx. Von einem Urzustand des Menschen ist hier die Rede und davon, daß der Mensch am Anfang der Geschichte aus diesem Zustand herausgetreten sei in die Geschichte gesellschaftlicher Verstrickungen, die ihn depravieren. Das Eigentümliche - und Epochemachende - der These Rousseaus ist nun aber dies: Der Urzustand ist nicht der paradiesischer Heiligkeit, sondern ein «Naturzustand», ein *status naturae purae.* Und da diese *natura pura* des Menschen nicht teleologisch verstanden, sondern durch Abstraktion von allem Geschichtlich-Gesellschaftlichem gewonnen wird, bedeutet das, daß der *homme naturel* ein solitäres, vernunft- und sprachloses Wesen ist, das in tierischer Unschuld dahinvegetiert. Von anderen Tieren unterscheidet es sich nur durch seine *perfectibilité,* seine Instinktgebundenheit, die es möglich macht, daß dieses Wesen unter kontingenten Umständen in einen gesellschaftlichen Zustand eintritt, durch den es erst sein Potential entfaltet und zu dem wird, was wir Mensch nennen. Dieser Schritt des Heraustretens aus dem Naturzustand ist von einer unaufhebbaren Ambivalenz. Rousseau spricht einmal von der «göttlichen Stimme», die den Menschen aus dem Naturzustand herausruft zu einer höheren Bestimmung, und er spricht gleichzeitig von denen, die diese Stimme noch nicht vernommen haben und gut daran tun, in ihrem Zustand zu bleiben. Sie werden zwar keine «Tugend» erwerben, aber sie werden sie auch nicht nötig haben. Naturzustand und Geschichtszustand sind schlechthin inkommensurabel. In dieser Sicht werden Menschwerdung des Menschen, Sündenfall und Berufung zu einem «übernatürlichen Leben», zu ein und demselben Begriff. Dabei wird der Begriff des «Übernatürlichen» nun mit dem der Entfaltung menschlicher Personalität gleichgesetzt. Dieser Gedanke ist, wie gesagt, für die gebildete Welt des 19. Jahrhundert bestimmend geworden. Aufbrechen des Denkens, Erwachen der Vernunft und Verlust einer ursprünglichen Unschuld werden ein und dasselbe. Das «*quasi necessarium Adae peccatum*» ist nun nicht mehr deshalb «*quasi*» notwendig, weil es durch den Tod Christi getilgt und der Mensch dadurch zu einer höheren Form der Gottesfreundschaft erhoben wurde, sondern weil der Mensch dadurch erst zum Menschen wird. Auch Kierkegaard schildert noch den Verlust der Unschuld als unvermeidliches Heraustreten aus dem träumenden Dasein. *Peccatum originale* und Erwachen zur Freiheit werden ununterscheidbar.

Es ist wichtig, sich klarzumachen, daß der biblische Text etwas anderes sagt. Die Herausforderung des Menschen zu einer freien Entscheidung geschieht durch das Verbot. Thomas von Aquin antwortet auf die Frage, warum Gott dem Menschen verboten habe, von dem Baum der Erkenntnis des Guten und des Bösen zu essen, dieses Verbot sei deshalb erlassen worden, damit der Mensch in einem einzigen Punkte etwas nur deshalb tue, weil Gott es geboten hat. Das natürliche Sittengesetz hat für den paradiesischen Menschen nicht den Charakter eines Gebotes. Es drückt einfach sein Wesen aus. Seine Befolgung beruht nicht auf einem Akt freier Entscheidung. Die Freiheit wird durch das Verbot herausgefordert. In diesem Sinne schreibt einmal Schiller in seiner bemerkenswerten Schrift «Über die notwendigen Grenzen beim Gebrauch schöner Formen», daß die Konfrontation mit einem Gebot, das nicht bereits durch die Neigung des Menschen antizipiert werde, die Bedingung dafür sei, daß der

Mensch «der Erhabenheit seiner Berufung» inne-werde. Es ist nun ein ganz irriger Gedanke, daß der Mensch nur durch die *Übertretung* dieses Gebotes sich als Freiheitswesen erfahre. Ganz im Gegenteil: Die Übertretung des Gebotes bedeutet gerade ein schuldhaftes Zurückbleiben in der natür-lichen Selbstzentriertheit. Die *Befolgung* des Ge-botes erst wäre im eigentlichen und vollen Sinne ein Akt sich vollendender Freiheit gewesen. Die von Rousseau angeregte Identifizierung von Sündenfall und Freiheitsgeschichte läuft natürlich auf eine Zer-störung des Begriffs des *peccatum originale* hinaus. Eine Sünde, durch die der Mensch erst zum Men-schen wird, kann nicht bereut werden. Sie bedarf auch keiner Tilgung durch den Tod Christi. Die Geschichte von Sünde und Erlösung verwandelt sich in einen logisch notwendigen dialektischen Pro-zeß. Das idealistisch geprägte Bildungsbewußtsein, soweit es vom evolutionistischen Naturalismus noch nicht aufgesogen ist, steht bis heute unter dem Einfluß dieser Denkweise. Fichte hingegen sagt schon sehr schön, daß mit der Hervorbringung des Triebes die Produktivität der Natur ihr Ende erreicht. Das Ja zu einem nicht natürlichen göttli-chen Gebot wäre freier gewesen als die Entschei-dung für das Bleiben im Triebhang, die diesen ins Prometheische steigert.

2. «Erbsünde» als «Uneigentlichkeit» endlichen Da-seins
Eine andere Form säkularisierter Metamorphose der Erbsündenlehre ist die Phänomeologie der «Ver-

fallenheit», die Heidegger in «Sein und Zeit» entwickelt hat. Hier ist von geschichtsphilosophi-
scher Dialektik keine Rede mehr. Die Nähe zum
authentischen Sinn des Erbsündendogmas ist hier
sehr viel größer. Denn es wird nicht von einer anfänglichen Unschuld jedes Menschen ausgegangen,
die erst durch die Reflexion verloren geht, sondern
das menschliche Dasein wird beschrieben als ein
solches, das sich immer schon in einem «uneigent-
lichen» Zustand befindet, aus dem es erst durch
eine *Metanoia* zu sich zurückkehrt. Die *Metanoia*
ist gleichbedeutend mit der bewußten Übernahme des Zustandes der Verfallenheit als Schuld, mit
der Entdeckung der Verfallenheit als Verfallenheit.
Diese Entdeckung wird möglich durch das Bewußtsein der Endlichkeit und des Sterbenmüssens.
Es ist dies ein tiefer, die Interpretation der Erbsün-
dengeschichte bereichernder Gedanke. Daß «der
Tod der Sünde Sold» ist, hat ja auch den Sinn, daß
er die Bedingung dafür ist, daß der Mensch überhaupt gerettet werden kann. Unsterblichkeit - Essen vom Baum des Lebens - getrennt von Gott, das
wäre die definitive Verlorenheit des Menschen. Der
Tod bringt zurück in die Wahrheit. Dennoch ist
auch «Sein und Zeit» eine säkularisierte Metamorphose des Erbsündendogmas. Die Struktur von
Verfallenheit und Eigentlichkeit ist bei Heidegger
nicht eine kontingente geschichtliche Verfassung
des Menschen, sondern wird zur anthropologi-
schen Konstante. Das aber bedeutet, daß es auch
keine «Erlösung» geben kann. Die Rückkehr in die
Eigentlichkeit hat nicht den Charakter der Über-

windung der Schuld, der «Heiligung», sondern nur den der bewußten Übernahme der eigenen Schuld als Schuld. Auch hier haben wir es schließlich mit einer eigentümlichen Konfundierung von Sünde und Erlösung zu tun. Eigentlichkeit und «Schuldigseinwollen» werden eins. Ganz anders bei Thomas von Aquin. Er lehrt, daß jeder Mensch im Augenblick des Erwachens der Vernunft die Erbsünde durch den *amor sui usque ad contemptum Dei* zur eigenen Sünde macht und damit fortan im Stande der Todsünde lebt oder aber, unter dem Einfluß der göttlichen Gnade, sich dem Licht zuwendet und damit in den Umkreis der Erlösung tritt, durch die die Erbsünde getilgt wird.[3]

---

[3] S.Th. Ia IIae, q. 89, a. 6

III. Die protestantische Umformung der Erbsündenlehre

Um die säkularistische Verwandlung der Erbsündenlehre zu verstehen, ist es hilfreich, sich klarzumachen, daß diese Verwandlung erst ermöglicht wurde durch die protestantische Version dieser Lehre, das heißt durch die Lehre von der totalen und radikalen Verderbtheit der menschlichen Natur. In dieser Form wird die Erbsündenlehre einerseits in jenen apriorischen Prinzipienbereich versetzt, der das Terrain der Philosophie ist, andererseits wird sie ungeeignet als Interpretation der alltäglichen Erfahrung menschlicher Zerrissenheit, Schwäche und jenes Bösen, das «in der Luft liegt». Wenn Naturzustand und Gesellschaftszustand des Menschen für Rousseau schlechthin inkommensurabel werden, wenn keine Berufung auf Natur, das Natürliche, das von Natur Rechte mehr in Frage kommt, um einen geschichtlich gesellschaftlichen Zustand des Menschen daran normativ zu messen, wenn «Eigentlichkeit» nur darin bestehen kann, Verfallenheit als Verfallenheit zu begreifen, dann entspricht dies der Lehre, daß der postlapsarische Zustand des Menschen mit dem paradiesischen in jeder Hinsicht inkommensurabel ist. Das hängt nun wiederum damit zusammen, daß in der protestantischen Version der Erbsündenlehre die paradiesische Ausstattung des Menschen nicht in *dona praeternaturalia* bestand, sondern seine Natur definierte. Wenn dies der Fall ist, dann heißt das, daß die jetzige «Natur» des Menschen einfachhin eine an-

dere als die paradiesische ist. Damit ist aber auch
der Weg für den Naturalismus bereitet, der die empirische Normalität der menschlichen Lebensver-
fassung für unübersteigbar hält. Historisch kann
das sehr genau nachgezeichnet werden. Die refor-
matorische Leugnung der Willensfreiheit des Menschen im postlapsarischen Zustand geht historisch
unmittelbar über in den naturalistischen Determi-
nismus. Daß der erste Mensch wirklich frei war und
daß unter dem Einfluß der Gnade eine neue Freiheit möglich ist, bleibt für die Interpretation des gegenwärtigen Normalzustandes ganz folgenlos.
Dieser verweist nicht über sich hinaus, er kann und
muß ganz aus sich selbst begriffen werden, *etsi
Deus non daretur*. Seine Defizienz wird nicht innerhalb seiner selbst erfahrbar. Wo die Entfremdung vollständig ist, kann sie als Entfremdung gar
nicht mehr entdeckt werden. Wo sie aber im Glauben entdeckt wird, da wird sie nicht eigentlich zum
Verschwinden gebracht, sondern nur, auf dem Hin-
tergrund des Kreuzes Christi, als Entfremdung,
als Sünde entdeckt. Es gibt nicht eigentlich eine
Heiligung des Menschen, es gibt nur den Glauben an
die stellvertretende Gerechtigkeit Christi. Der «Hin-
tergedanke», den der Gläubige hat, setzt sozusagen
seine Gedanken in eine Klammer, verändert sie aber
nicht. So wird die Lehre von der Erbsünde etwas,
was man glauben oder nicht glauben kann, was
aber, wenn es geglaubt wird, das Selbstverständnis
des Menschen und sein Weltverhältnis nicht inner-
lich verwandelt. Strukturell wird diese Konzeption
nachgebildet durch eine Dialektik, in der die müh-

same Arbeit, dem Schlimmsten zu steuern und die menschlichen Lebensverhältnisse immer wieder nach Maßgabe des Möglichen zu verbessern, ersetzt wird durch eine Dialektik von radikaler Entfremdung und deren revolutionärem Umschlag. Nachdem diese Idee sich in unserem Jahrhundert empirisch *ad absurdum* geführt hat, ist die säkulare Metamorphose der protestantisch radikalisierten Erbsündenlehre an ihr Ende gelangt. Was bleibt, ist nun die Alternative zwischen einem materialistischen Naturalismus und einem konsequenten Schöpfungsglauben. Der Schöpfungsglaube aber ist kaum möglich ohne eine Lehre, die erklärt, warum die Welt so ist, wie sie als reine Schöpfung nicht sein dürfte. Die zweite Kontingenz - die innere «Klammer» - ergibt sich sozusagen als Folge der ersten.

IV. Ansätze zum erneuerten Verständnis

Ich möchte schließen mit einigen Bemerkungen über mögliche Anknüpfungspunkte für das Verständnis des Erbsündendogmas im gegenwärtigen Bewußtsein.

1. Angelpunkt für eine Erschließung dieser Lehre scheint mir die Überwindung eines Personbegriffs zu sein, der die Natur naturalistisch und die Subjektivität spiritualistisch interpretiert und beide radikal einander entgegensetzt. Nur wenn deutlich wird, daß Person eine natürliche und Natur eine spirituelle Dimension hat, wird der Gedanke einer «Vererbung» der Schuld nachvollziehbar.

2. Der seit dem II. Vaticanum aufgewertete Begriff des «Volkes Gottes» scheint mir indirekt hilfreich für ein neues Verständnis der Erbsünde zu sein. Das Bewußtsein einer solidarischen Heilsgemeinschaft ist gewachsen, das Bewußtsein, daß niemand das Heil sich selbst verdanken kann. Daß das Heil jedes Menschen aus dem Opfer Christi hervorgeht, ist allerdings eine Einsicht, deren Plausibilität mit der der kollektiven Schuldverstrickung unzertrennlich verbunden ist. Aber diese kollektive Schuldverstrickung besteht nicht darin, daß die Menschheit sozusagen eine solidarische Schuldgemeinschaft ist, sondern umgekehrt darin, daß sie aufgrund einer anfänglichen Schuld aufgehört hat, eine solidarische Gemeinschaft zu sein. «Einst wart ihr nicht Volk» (1 Petr 2,10), sagt der heilige Petrus, und Jesaia, den

Petrus zitiert: «Wir gingen alle in die Irre, wie Scha-
fe, ein jeder sah auf den eigenen Weg»- (Jes 53, 6).

Die Erbsünde ist ja nicht eine positive Qualität,
die jeder Mensch von seinen Voreltern erbt, sondern sie ist das Fehlen einer Qualität, die er hätte erben sollen. Diese fehlende Qualität ist die der Zugehörigkeit zu einer Heilsgemeinde. Die Menschheit
ist nicht mehr eine solche Heilsgemeinde. Das Hineingeborenwerden in die Menschheit ist also nicht
das Hineingeborenwerden in eine Heilsgemeinde,
in ein Volk Gottes. Bei einer individuell anzueig-
nenden Qualität könnte man fragen, warum sie
einem Menschen bloß deshalb nicht zuteil wird,
weil ein anderer sich verfehlt hat. Die Qualität der
Zugehörigkeit zu einem das Heil vermittelnden Volk
Gottes kann aber gar nicht weitergegeben werden,
wenn dieses Volk nicht existiert. Man könnte die
Erbsünde als den Zustand der anfänglichen Nichtzugehörigkeit zu dem Volk Gottes interpretieren.
Die Zugehörigkeit zu dem neuen Volk Gottes geschieht nicht durch das Hineingeborenwerden in
einen natürlichen Lebenszusammenhang, sondern
durch Glaube und Sakrament. Das neue Volk Gottes ist zwar potentiell identisch mit der Gesamt-
menschheit, aber faktisch ist es - umgekehrt - aus
dieser herausgenommen. So beginnt der Apostel Petrus seine Predigt mit dem Aufruf «Laßt euch retten
aus diesem verkehrten Geschlecht» (Apg 2,40). Die
individualistischen Einwände gegen das Erbsündendogma lassen sich, wie mir scheint, am ehesten
aus dieser Perspektive überwinden.

3. Abschließend eine Bemerkung über das Verhältnis von Evolutionstheorie und Erbsündendogma. Man kann, was Sünde heißt, interpretieren als ein schuldhaftes Bleiben des Menschen in einer «Natürlichkeit», die gerade dadurch unnatürlich wird, daß sie sich nicht, wie es in ihrer Anlage liegt, transzendiert. Bloß natürliche Wesen sind durch ein *curvatio in seipsum* bestimmt. Sie sind jeweils Mittelpunkt ihrer Welt. Aber diese Zentralität ist unschuldig. Die Wesen fügen sich in das Ganze der Wirklichkeit durch ihre Instinktorganisation und sie zahlen für ihre Weise, anderen Platz wegzunehmen, durch den eigenen Tod. Sie «zahlen einander Buße für das Unrecht» (Anaximander). Der Mensch ist durch seine vernünftige Natur dazu bestimmt, die natürliche Zentralität zu überwinden, sich selbst nur als Teil der Gesamtwirklichkeit zu begreifen und «Gott bis zur Selbstverachtung zu lieben» (Augustinus). Faktisch aber lebt der Mensch in einem Zwiespalt zwischen seiner natürlichen Zentralität und seiner vernünftigen Selbsttranszendenz. Die Diskrepanz zwischen der empirischen Normalität menschlichen Verhaltens und dem, was das sittliche Bewußtsein dem Menschen nicht nur als Ideal, sondern auch als dasjenige vor Augen stellt, bei dessen Realisierung alle am glücklichsten wären, diese Diskrepanz ist für das menschliche Bewußtsein wesentlich. Der evolutionistische Versuch, die empirische Normalität als das unübersteigbar «Natürliche» zu behaupten, dem Menschen den Begriff der Vollkommenheit auszureden und das Böse zum «sogenannten Bösen» zu depo-

tenzieren, stößt auf einen spontanen Widerstand des sittlichen Bewußtseins. Im Rahmen einer sich legitim beschränkenden Evolutionstheorie könnte man die Erbsünde bezeichnen als die Verweigerung eines Schrittes, den zu tun in einem bestimmten Augenblick fällig war und der durch eine göttliche Herausforderung ermöglicht wurde. Das Nichttun dieses Schrittes ist die erste, folgenreiche Schuld des Menschen, das *peccatum originale.* Der Schritt hätte in der ausdrücklichen Anerkennung Gottes gelegen, die identisch war mit der Anerkennung, selbst nicht Gott zu sein. Dieser Schritt, wenn er getan worden wäre, hätte die Menschheit in einen ganz anderen Zustand versetzt, als es der ist, in dem wir uns jetzt befinden. Der jetzige Zustand mag naturalistisch-evolutionistisch erklärbar sein. Aber gerade, wenn es so erklärbar ist, zeigt das, daß es der falsche Zustand ist. Der Zustand, der der Bestimmung des Menschen gemäß wäre, wäre gerade nicht mehr naturalistisch erklärbar gewesen. Nicht naturalistisch erklärbar aber bleibt weiterhin die Sehnsucht des Menschen nach einem im eigentlichen Sinne menschenwürdigen Zustand. Und nicht evolutionistisch ableitbar ist der Raum, in dem die Schuld des Menschen getilgt wird, der Raum des Volkes Gottes.

CHRISTOPH SCHÖNBORN

DIE KIRCHLICHE ERBSÜNDENLEHRE
IM UMRISS

Die beiden voraufgehenden Beiträge haben eine Fülle von höchst aktuellen Bezügen des Erbsündendogmas aufgezeigt. Beide Beiträge setzen die kirchliche Erbsündenlehre voraus, betrachten sie als eine Lichtquelle, die zahlreiche Erfahrungsgegebenheiten zu erhellen und dem denkerischen Bemühen um ein Verständnis des Problems des Bösen den Weg zu leuchten vermag. Der abschließende Beitrag versucht nun, die kirchliche Lehre über die Erbsünde ausdrücklich zu thematisieren und nach ihrem Platz im Ganzen der Glaubenslehre zu fragen. Die genaue Kenntnis der kirchlichen Lehre ermöglicht es, karikaturale Darstellungen derselben zu vermeiden. Manche Kritik richtet sich gegen solche Verzerrungen, die irrtümlicherweise als kirchliche Lehre ausgegeben werden. Eine gute Kenntnis des Erbsündendogmas hilft aber auch, die Gesamtheit der Glaubenslehre besser zu erfassen und ihr im Glauben tiefer zuzustimmen. In den folgenden, nur kurz und im Umriß ausgeführten Darlegungen sollen die möglichen und tatsächlichen Einwände nicht von vornherein die Blickweise bestimmen. Es geht schlicht darum, die Glaubenswahrheiten zu betrachten, in der Überzeugung, daß sie so hell leuchten und so klar sprechen, daß der geneigte Leser selber die Antworten auf seine Anfragen finden oder wenigstens erahnen wird.

Drei Themenkreise sind zu behandeln: die Lehre vom Urstand des Menschen, die im Erbsündendogma vorausgesetzt wird; die Lehre von Sündenfall der Stammeltern; die Lehre von den Folgen dieser Ursünde für das ganze Menschengeschlecht.

I. Der Urstand

1. Von Gott - für Gott

«Im Anfang schuf Gott Himmel und Erde» (Gen 1, 1).
Das erste Wort des Glaubens, das erste Wort der
Heiligen Schrift, bleibt auch das Grundwort für alles, was der Glaube fernerhin zu sagen hat. Alles,
was ist, die Gesamtheit der Wirklichkeit (das besagt
der biblische Ausdruck «Himmel und Erde») hat
Gott zum Ursprung. Die Welt ist *geschaffen,* sie ist
nicht ihr eigener Grund, sie ist als Ganze durch das
allmächtige Schöpferwort «ins Dasein gerufen».

Ohne diese erste Wahrheit, dieses Urwort des
Glaubens, daß Gott «Schöpfer Himmels und der
Erde» ist, bleibt die Rede von der Erbsünde unver-
ständliche Fremdsprache. Denn der Glaube an den
Schöpfer schließt die Annahme ein, daß die Gesamtheit der Wirklichkeit, das Universum, und in
ihm in einzigartiger Weise der Mensch, nicht Aus-
wurf blinden Zufalls ist, sondern Sprache Gottes,
Ausdruck von Weisheit und Güte: sie ist von Gott
gewollt, sie ist dem Menschen zugedacht als für ihn
bestimmtes Erbe. Der Mensch ist *Geschöpf:* das
heißt Angesprochener. Der Schöpfer spricht ihn
an durch die Sprache seiner Schöpfung. So ist die
Schöpfung Einladung zur Antwort an den Geber
aller Gaben. Das Verkennen und Vergessen dieser personalen Sicht der Schöpfung ist selber eine
der Folgen der Erbsünde. Im Sonnengesang des
hl. Franziskus erahnen wir, daß die ganze Schöpfung weise und liebende Anrede Gottes an den
Menschen ist, daß Dank und Lob des Schöpfers

die entsprechende, «sachgerechte» Antwort des Menschen sind.

Die Wahrheit der Schöpfung ist nicht ohne Grund Inhalt des ersten Artikels des Glaubensbekenntnisses. Alle anderen Glaubenswahrheiten setzen diese voraus. Die heutige Lage erinnert an die Situation, die Paulus und Barnabas in Lystra vorfanden: angesichts des massiven Heidentums beschränkt sich Paulus darauf, allein die Wahrheit des einen Gottes, der Himmel und Erde erschaffen hat, zu verkünden (vgl. Apg 14, 14-18). Wo dieser Glaube nicht gegeben ist, scheint die Verkündigung Christi noch des nötigen Bodens zu ermangeln. Wo die Welt nicht als Schöpfung Gottes gesehen wird, kann auch das Drama der Sünde als des Nicht-wahrhaben-Wollens der Geschöpflichkeit nicht in den Blick kommen.

Mit dem Schöpfungsglauben ist noch ein anderes Moment verbunden, das eine unerläßliche Voraussetzung für das Verständnis der Erbsündenlehre darstellt: die Welt hat nicht nur ihren Ursprung, sondern auch ihr Ziel nicht in sich selbst. Schrift und Überlieferung des Glaubens sind einhellig: «Die Welt wurde um der Herrlichkeit Gottes willen geschaffen.»[1] Das Ziel der Schöpfung ist dabei nicht die Mehrung der Herrlichkeit Gottes, als bedürfe Gott der Welt, um «sich zu verwirklichen», sondern die Mitteilung seiner Herrlichkeit an seine Geschöpfe. Diese Teilhabe ist das Ziel der Schöpfung, das nicht auf der Ebene rein geschöpflicher

---

[1] I. Vaticanum: DS 3025.

«Selbstverwirklichung» erreicht werden kann. Zwar lehrt der Glaube, daß Gott allen Geschöpfen ihre je eigene Vollkommenheit bereits durch die Schöpfung verliehen hat, weshalb es auch von allen Geschöpfen heißt: «Gott sah, daß es gut war» (Gen 1, 10 etc.). Diese je eigene Gutheit des Seins aller Geschöpfe bedeutet jedoch nicht, daß sie in sich ihr letztes Ziel fänden. Die Schöpfung als ganze, und in ihr in besonderer Weise der Mensch, ist über sich hinausverwiesen auf eine größere Vollkommenheit, die sie nur empfangen kann und ohne die sie nicht voll verwirklicht wäre. In diesem «Plus-ultra» des Geschöpfes, in der Spannung zwischen schon empfangener eigener («natürlicher») Vollkommenheit und noch zu empfangender («übernatürlicher») Vollendung liegt die Möglichkeit jenes Irrwegs begründet, der durch die Ursünde zum Los der ganzen Menschheit geworden ist.[2]

Von der Anerkennung dieser beiden Wahrheiten hängt das Gelingen unseres Weges ab: Wir sind nicht unser eigener Ursprung; wir sind nicht unser eigenes Ziel. Unser Ursprung ist auch unser Ziel. Wir stammen von Gott und sind für Gott und auf Ihn hin geschaffen. Dies dankend und liebend anzuerkennen, ist die Voraussetzung wahrer «Selbstverwirklichung». Wir sind erst wirklich wir selber, wenn wir aus dieser Wahrheit leben. In mystischer Sprache sagt dies jenes Wort, das Christus der hl. Katharina von Siena als lebensbestimmende und beglückende Weisung mitgegeben hat: «Meine Toch-

[2] Vgl. den Beitrag von Robert Spaemann in diesem Band.

ter, weißt du, wer du bist, und wer ich bin? Es gibt kein seligeres Glück, als dies zu wissen: *Du bist die, die nicht ist, Ich bin der, der ist.*»[3]

2. Der Mensch im Paradies

Das Wort Gottes offenbart: der erste Mensch war nicht nur «sehr gut» (Gen 1, 31) geschaffen, er war auch mit einer unvergleichlichen Vertrautheit mit Gott beschenkt, die ihm die Harmonie mit sich selbst und mit der ganzen Schöpfung verlieh.

Diesen guten, begnadeten «Urstand» nennt die Glaubenssprache der Kirche die «ursprüngliche Heiligkeit und Gerechtigkeit» des Menschen.[4] Damit ist nicht ein Zustand naiv-primitiver Unbewußtheit oder halb-tierischer, halb-menschlicher Animalität gemeint. Die Symbolsprache der Heiligen Schrift gibt dem Glauben Hinweise auf die Bewandtnis dieses Urstandes:

- Quell der Pracht der ersten Menschen war ihre Freundschaft mit Gott. Sie waren sozusagen mit der Herrlichkeit dieser Freundschaft bekleidet (die Glaubenssprache sagt: sie waren «im Gnadenstand»).

- Durch den Glanz dieser Gnade waren alle Dimensionen des menschlichen Lebens gestärkt: ihr Leib war harmonisch der Seele gefügig. Der Mensch

---

3 Berichtet in der «Legenda maior», der Lebensbeschreibung der Heiligen durch ihren Beichtvater, den sel. Raymund von Capua; dt. A. Schenker, Das Leben der heiligen Katharina von Siena, in der Reihe «Heilige der ungeteilten Christenheit», Düsseldorf 1965.

4 Konzil von Trient: DS 1511.

war zwar seinem Leib nach sterblich (Gen 3, 19), doch war er der Macht des Todes durch Gottes Gabe enthoben. Mit Augustinus präzisiert die kirchliche Überlieferung: Adam *konnte* sterben, da er einen irdischen, keinen himmlischen Leib besaß; er *mußte* aber nicht sterben, weil die Gnade ihn vom Tod fernhielt. Seine «Herrschaft» über die Geschöpfe war Ausdruck seiner «Herrschaft» über sich selber, sodaß sein Handeln und Walten aus seiner eigenen Integrität heraus integer war. Nach der Auslegung der Überlieferung war Adam frei von der dreifachen Begierlichkeit (vgl. 1 Joh 2, 16), die im gefallenen Zustand den Menschen für die Sinnenlust, das Begehren irdischer Güter und die egoistiche Selbstbehauptung anfällig macht. Kohelet faßt diese ursprüngliche Integrität des Menschen in das einfache Wort: «Gott schuf den Menschen gerade» (7, 29). Geradheit, *rectitudo,* ist wohl das beste Wort zur Beschreibung des Urstandes. Wo wir solcher «Geradheit» bei Menschen «ohne Falsch» (Joh 1, 47) begegnen, erahnen wir etwas vom Glanz dieses ursprünglichen, mit Gott vertrauten Menschseins.

   - Die Beziehung von Mann und Frau war der Abglanz ihrer Vertrautheit mit Gott. «Beide, Adam und seine Frau, waren nackt, aber sie schämten sich nicht voreinander» (Gen 2, 25). Die Geradheit vor Gott und im eigenen Wesen gewährte die gegenseitige Offenheit, die nicht die Dialektik von Verhüllen und Entblößen kennt.

   - Die Herrschaft über die Schöpfung entsprang der Vertrautheit mit Gott. Wie Mann und Frau füreinander die Herrlichkeit und die Hilfe Gottes repräsentieren (Gen 2, 18. 20. 23), so repräsentieren sie der Schöpfung gegenüber Gottes Herrschaft. Sie waren noch nicht «der Schrecken der Tiere» (ebd. 9, 2), sie lebten noch nicht vom Töten der Tiere (ebd. 9, 3), sondern von den Früchten des Gartens (ebd. 2, 16; vgl. ebd. 1, 29). Die Erde war ihnen wie ein «Garten» (ebd. 2, 8), übertragen zum «Bebauen und Hüten» (ebd. 2, 15); die Arbeit war nicht jene dornenreiche Plage, zu der sie später wurde (ebd. 3, 17-19), sondern eine friedvolle Inbesitznahme im Sinne Gottes (ebd. 1, 28).

- Diese vierfache Harmonie (mit Gott, mit sich selbst, mit dem Nächsten, mit der Erde) geht durch die Ursünde verloren. Durch das Kreuz Christi wird das «Paradies» wieder aufgetan (vgl. Lk 23, 43).

3. Die Einheit des Menschengeschlechts

Ehe wir die Ursünde als solche betrachten, noch eine Rückfrage: Welche Wirklichkeit steht hinter dieser Bildrede? Es geht nicht darum zu wissen, ob «Adam aus Afrika stammt»[5]. Aber es geht auch nicht um bloße Bilder. Vielmehr sprechen die Bilder von einer Wirklichkeit, die uns nicht rational, empirisch, historisch zugänglich ist. Es geht um eine Wirklichkeit, die allein im Glauben zu erfassen, deswegen aber nicht einfach mythisch ist.

Vom Ganzen des Glaubens aus müssen (oder dürfen) wir annehmen, daß die Menschheit von ihrem Ursprung her eine ist, daß es somit wirklich die

---

[5] So ein Buchtitel der siebziger Jahre.

freie Tat unserer wirklichen Stammeltern war, die für alle Menschen, für die Gesamtheit ihrer Nachkommenschaft, die mit dem Namen «Erbsünde» angezeigten Folgen ausgelöst hat. Auf die Frage des Polygenismus brauchen wir nicht mehr einzugehen, da Robert Spaemann in seinem Beitrag dazu das Wichtigste bereits gesagt hat. Ein anderer Aspekt soll hier betrachtet werden, der den Realitätsgehalt der christlichen Urstandslehre erhellt: *Die biblische Sicht der Einheit des Menschengeschlechts.*

Sie basiert auf der Überzeugung, daß alle Menschen gemeinsame Stammeltern haben und daher real untereinander verwandt sind. Diesen Universalismus verkündet Paulus auf dem Areopag in Athen vor Zuhörern, denen die Superiorität der Griechen über die Barbaren eine kaum hinterfragte Evidenz war: «Gott, der die Welt erschaffen hat und alles in ihr... Er hat aus einem einzigen Menschen das ganze Menschengeschlecht erschaffen, damit es die ganze Erde bewohne. Er hat für sie bestimmte Zeiten und die Grenzen ihrer Wohnsitze festgesetzt. Sie sollten Gott suchen, ob sie ihn ertasten und finden könnten; denn keinem von uns ist er fern. Denn in ihm leben wir, bewegen wir uns und sind wir» (Apg 17, 24-28).

In diesem Zusammenhang drängt sich der Hinweis auf, daß die kirchliche Lehre gegenüber dem Rassismus immer wieder auf diese Einheit aller Menschen in ihrem Ursprung hingewiesen hat. So hat Pius XII. zu Beginn seines Pontifikats in seiner ersten programmatischen Enzyklika von dieser

Lehre aus die Rassenideologie verurteilt. Der Text ist so bedeutsam, daß er hier ausführlicher zitiert sei:

«Der erste dieser gefährlichen Irrtümer, der heute weitverbreitet ist, liegt darin, daß man das Gesetz der Solidarität und Liebe zwischen den Menschen in Vergessenheit geraten läßt, jenes Gesetz, das sowohl durch den gemeinsamen Ursprung und durch die nämliche Vernunftnatur aller Menschen, gleichviel welchen Volkes, vorgeschrieben und auferlegt ist, wie auch durch das Opfer der Erlösung, das Jesus Christus am Altar des Kreuzes seinem himmlischen Vater für die sündige Menschheit darbrachte.

In der Tat erzählt die erste Seite der Schrift mit großartiger Einfachheit, wie Gott als Krönung seines Schöpfungswerkes *nach seinem Bild und Gleichnis den Menschen machte*; und ebenso berichtet sie, wie er ihn mit übernatürlichen Gaben und Vergünstigungen bereicherte und ihn so für ein ewiges und unaussprechliches Glück bestimmte. Sie zeigt weiter, wie von dem ersten Paar die andern Menschen herstammen, und dann läßt sie mit unübertroffener Ausdruckskraft der Sprache deren Teilung in mannigfache Gruppen und die Verstreuung in die verschiedenen Teile der Welt folgen. Auch als sie sich von ihrem Schöpfer abwandten, hörte Gott nicht auf, sie als Söhne zu betrachten, die eines Tages nach seinem allbarmherzigen Plan noch einmal wieder in seiner Freundschaft vereint sein sollten.

Der Völkerapostel macht sich zum Künder dieser Wahrheit, welche die Menschen in einer großen Familie brüderlich eint [es folgt das Zitat von Apg 17, 26-27]. Wunderbare Schau, die uns das Menschengeschlecht sehen läßt in der Einheit eines gemeinsamen Ursprungs in Gott: *Ein Gott und Vater aller, der da ist über allen, durch alles und in uns allen*; in der Einheit der Natur, bei allen gleich gefügt aus stofflichem Leib und geistiger, unsterblicher Seele; in der Einheit des unmittelbaren Ziels und seiner Aufgabe in der Welt; in der Einheit der Siedlung auf dem Erdboden, dessen Güter zu nutzen alle

Menschen naturrechtlich befugt sind, um so ihr Leben zu erhalten und zu entwickeln; in der Einheit des übernatürlichen Endziels, Gottes selbst, nach dem zu streben alle verpflichtet sind; in der Einheit der Mittel, um dieses Ziel zu erreichen.»[6]

Diese Schau der Einheit schließt die Vielfalt der Menschen, der Völker und Kulturen nicht aus, doch besagt sie, daß alle diese Differenzierungen innerhalb der einen Menschheitsfamilie geschehen, in der alle Menschen nicht erst Brüder werden, sondern es bereits sind: wir alle sind «Kinder Evas», haben Adam zum Vater. Es ist schwer zu sehen, wie die gleiche Würde allen Menschen als menschlichen Personen zukommen soll, wenn sie nicht in einer gemeinsamen, vom gleichen Ursprung empfangenen menschlichen Natur verankert ist.[7]

Die Annahme eines real ersten Menschenpaares ist daher vom Glauben gefordert und von der Vernunft her nicht widersinnig; für die naturwissenschaftliche und historisch arbeitende Paläontologie wird diese Annahme unbeweisbar bleiben, ist aber auch positiv nicht auszuschließen.

---

[6] Enzyklika «Summi Pontificatus» vom 20. 10. 1939 (dt. Übers. in: Mensch und Gemeinschaft in christlicher Schau. Dokumente, hrsg. von E. Marmy, Fribourg 1945, 828-829). Man lese hierzu nochmals die ersten Seiten von Henri de Lubac, Katholizismus als Gemeinschaft, Einsiedeln 1943 (Neuauflage: Glauben aus der Liebe, Einsiedeln 1970), die «die sozialen Aspekte des Dogmas» ganz von dieser Schau her entfalten; vgl. ferner J. Ratzinger, Die Einheit der Nationen. Eine Vision der Kirchenväter, Salzburg-München 1971; G. Larentzakis, Einheit der Menschheit - Einheit der Kirche bei Athanasius, Graz 1978 (= Grazer Theologische Studien Bd. 1).

[7] Meine Ausführungen in: L'homme créé par Dieu: le fondement de la dignité de l'homme, in: Gregorianum 65 (1984) 337-363, wären um diesen Aspekt zu ergänzen.

II. Der Sündenfall

Woher kommt das Böse? Auf diese Urfrage gibt
der Schöpfungsglaube eine erste Antwort: Das Böse kann nicht sozusagen in der Konstruktion der
Schöpfung selber liegen. Die Schöpfung ist gut, ge-
wirkt und gewollt von dem, der der Gute schlechthin ist. Das Böse stammt nicht aus der Schöpfung,
sondern aus der Freiheit des Geschöpfs; es ist nicht
Teil der «Naturgeschichte», sondern der «Freiheitsgeschichte». Zur «Naturgeschichte» gehören freilich, wenigstens teilweise, die physischen Übel, die
vom sittlich Bösen zu unterscheiden sind. Sie sind
dem Schöpfungsplan nicht schlechthin konträr. Die
Welt ist nicht in ihrer endgültigen Vollendung geschaffen worden. Sie ist in *statu viae,* unterwegs auf
ein Endziel, das jenseits ihrer eigenen Möglichkeiten liegt. Zu diesem Weg gehören Werden und Ver-
gehen, gehört mit dem Kommen der einen das Gehen anderer Geschöpfe; auf diesem Weg gibt es
Vollkommeneres und Unvollkommeneres, die
ganze Vielfalt der Schöpfung. Im Bereich der unter-
menschlichen Schöpfung ist daher der Tod eine
«Naturgegebenheit». Der Glaube fordert nicht die
Annahme, der Tod sei im Pflanzen- und Tierreich
erst mit dem Sündenfall des Menschen aufgetreten.
Naturkatastrophen, Zerstörungen, die in der Natur
mit allem Wachsen einhergehen, sind in einer «Wer-
dewelt» natürlich und im Schöpferplan vorgesehen.
«Die Gestalt dieser Welt vergeht» (1 Kor 7, 31),
Erde und Himmel, so sagt der Psalm, «werden ver-
gehen, Du aber bleibst; sie alle zerfallen wie ein Ge-

wand» (Ps 102, 27). Insofern gehören die physischen Übel, Zerstörung und Tod zum Weg der Schöpfung hin zu ihrem Ziel, das sie nur durch die radikale Verwandlung eines «Vergehens» hindurch erreichen wird.

Anders die geistbegabte Kreatur: auch sie ist vom Schöpfer auf einen Weg gestellt, auch sie ist nicht in die endgültige Vollendung hinein geschaffen: die Engel und die Menschen gehen diesen Weg freilich nicht bloß durch Instinktsteuerung, sondern durch Schritte freier Wahl. Sie können also fehlgehen. Sie können Irrwege wählen. Erst dadurch tritt das sittlich Böse in die Welt, das unvergleichlich schwerwiegender ist als das physische Übel. Die kirchliche Lehre ist hier klar: Gott ist in keinerlei Weise Ursache des sittlich Bösen, auch wenn er es zuläßt, indem er die Freiheit seiner eigenen Geschöpfe achtet. Und er läßt es zu, weil er auf Wegen, die sein Geheimnis bleiben, daraus Gutes zu wirken vermag.[8]

Die Versuche, die Erbsünde als Ausdruck der Endlichkeit des Menschen zu deuten, als die unausweichliche Beschränktheit begrenzter Wesen, als den Schatten, der uns auf dem Weg begleitet, als die Hobelspäne, die unweigerlich dort fliegen, wo gehobelt wird, scheitern daran, daß sie den Unterschied zwischen dem physischen Übel und dem sittlich Bösen nivellieren. Das Böse wird zum «sogenannten Bösen», wird zur «Naturgeschichte der

[8] Zum ganzen Fragenkomplex physisches Übel - sittliches Böses vgl. Cardinal Ch. Journet, Le Mal. Essai théologique, Bruges 1962; dt. Vom Geheimnis des Bösen, Essen 1963.

Aggression» (K. Lorenz). Diesen Versuchen geht es oft darum, den Skandal zu beseitigen, daß eine *einzige* Freiheitstat für alle Menschen aller Zeiten nicht nur negative Folgen wie Schwächung und Tod nach sich ziehen soll, sondern daß zudem alle Menschen durch diese eine Tat in einen Zustand der Schuld («Erbsünde») hineingestellt worden sein sollen[9].

Zweifellos ist dies anstößig. Doch ist der Preis zu hoch, den die zu bezahlen bereit sind, die diesem Anstoß ausweichen wollen. Zu tief ist die Lehre von der Erbsünde in den Stoff des christlichen Glaubens verwoben, als daß sie sich ohne Schaden für das Ganze herauslösen ließe. Im Zentrum unseres Glaubens steht die persönliche Tat eines Einzigen, der «ein für allemal» (Hebr 7, 27) alle Menschen aller Zeiten rettet und es ihnen möglich macht, das Heil zu erlangen. Wie soll der Sinn für das Übermaß an Gnade in dem Einen nicht verlorengehen, wenn das volle Maß der Folgen der Tat des einen nicht mehr gesehen wird? Was der kritischen Vernunft wie ein unannehmbares Ärgernis erscheint, gewinnt im Licht des Glaubens, im demütig hinhorchenden, «gehorchenden» Nachdenken eine die Vernunft überreich befriedigende Leuchtkraft. Versuchen wir also, mit Gottes Hilfe und in geduldigem Hören auf das Wort Gottes, nachzufragen, was es mit dieser ersten Sünde auf sich hat.

---

[9] Diesen Skandal versucht Gustave Martelet zu umgehen: Libre réponse à un scandale. La faute originelle, la souffrance et la mort, Paris 1986. A. Manaranche antwortet ihm in dem speziell für junge Leser geschriebenen Buch: Adam où es-tu? Le Péché originel, Paris 1991.

1. Die Bewährung

Die ursprüngliche Gottesfreundschaft mußte sich bewähren. Nicht als hätte Gott sie dem Menschen geneidet - das wäre keine Freundschaft -, sondern weil der Mensch in freier Bejahung diesem Geschenk seine Zustimmung geben sollte. Das Verbot, vom Baum der Erkenntnis von Gut und Böse zu essen, mit der Androhung, widrigenfalls sogleich sterben zu müssen (Gen 2, 17), hat nichts mit eifersüchtigem Vorbehalt zu tun. Die gnostische Interpretation des zweiten Jahrhunderts liest diese Bedeutung in den Text hinein. Sie sieht darin einen Beweis für ihre Auffassung, daß der alttestamentliche Gott ein böser, eifersüchtiger Gott sei, der dem Menschen die Erkenntnis und die Gottgleichheit nicht gönnte.[10]

Der Sinn des Textes wird durch diese Interpretation völlig verfehlt. Der Mensch ist ja zur Gottgleichheit berufen, ist er doch von Gott nach seinem Bild und Gleichnis (Gen 1, 26) geschaffen. Doch hat er dieses Bild-Gottes-Sein empfangen, es ist ihm vom Schöpfer geschenkt als Auszeichnung seines Seins. Ebenso kann er die Gottgleichheit, die «Vergöttlichung»[11], zu der er von Gott gerufen ist

[10] Es ist verblüffend festzustellen, wie aktuell diese Interpretation heute wieder geworden ist: so etwa in der Genesis-Interpretation von E. Fromm, Ihr werdet sein wie Gott. Eine radikale Interpretation des Alten Testaments und seiner Tradition. rororo sachbücher 7332, Hamburg 1980. In aggressiver Weise neuerdings bei Eliane Pagels, Adam, Eva und die Schlange. Eine Theologie der Sünde. Das Dogma von der «Erbsünde» als zentrale ideologische Erfindung der kämpfenden katholischen Kirche, Hamburg 1991.

[11] Vgl. dazu meine Ausführungen in: Existenz im Übergang. Pilgerschaft, Reinkarnation, Vergöttlichung, Trier 1987.

und in der er sich erst voll verwirklicht haben wird, nicht sich selber geben. Sie ist Gabe, nicht Eigenwerk. Gott wollte sie geben, die Schlange suggeriert dem Menschen, selber danach zu greifen.

So ist der Sinn des Verbotes klar: Der Baum der Erkenntnis von Gut und Böse bezeichnet symbolisch die Grenze, die der Mensch als Geschöpf nicht überschreiten darf, die er vielmehr bewußt und frei anerkennen muß. Der Mensch hängt vom Schöpfer ab. Er ist daher einer Ordnung unterstellt, der Schöpfungsordnung, die er nicht selber gemacht hat, sondern die der Schöpfer seinem Werk gegeben hat. Diese Ordnung ist auch die Regel für den Gebrauch seiner Freiheit.

Die Prüfung durch das Verbot richtet sich also an den freien Willen des Menschen: wird er die Wahrheit über sich und die Schöpfung anerkennen? Wird er, durch den symbolischen Gehorsam diesem einen Gebot gegenüber, anerkennen, daß er Geschöpf ist? Wird er damit zugleich seine Würde und seine Grenze bejahen: die Würde, Bild Gottes zu sein; die Grenze, nicht sein eigener Urheber zu sein?

2. Die Ursünde

Adam hat nicht gewollt. Dieses Nein ist nicht der erste Akt der Freiheit, wie die gnostische Interpretation behauptet. Freiheit realisiert sich nicht zuerst im Nein-Sagen,[12] sondern in der Zustimmung zum erkannten Wahren und Guten. Freiheit ist im vollen

---

[12] So die Interpretation von E. Fromm, op. cit.

Sinne Zustimmung zum Sein. Das Nein des ersten Menschen war zugleich das Nein zur eigenen Wahrheit und zu dem ihm bestimmten Guten. Daher ist dieses Nein eine unvergleichliche Katastrophe.

Worin besteht die Ursünde? Die einfachste Erklärung, in der Form eines Bildes, habe ich von einem Ingenieur gehört: Die Ursünde sei «die Ablehnung der Gebrauchsanweisung». Adam hat die «Gebrauchsanweisung» für sich und für die Welt abgelehnt. Ist es verwunderlich, daß nichts mehr richtig «funktioniert»? Darf man aber den «Konstrukteur» anklagen, wenn die Benutzer seine «Gebrauchsanweisung» nicht beachten?

Was macht also die Ursünde aus? Sie ist zuerst ein Nicht-hören-Wollen, Ungehorsam. Die Ursünde, und jede Sünde seither, ist ein «Weghorchen» von Gott, der Wahrheit. Sie ist zugleich ein Hinhorchen auf eine andere Stimme: die des Versuchers.

In der «Ökonomie» des biblischen Berichtes von Genesis 3 spielt diese Stimme eine wesentliche Rolle: die Stimme der Schlange. Im Genesisbericht bleibt die Herkunft dieser versucherischen Stimme im dunkeln, doch hat schon die alttestamentliche Weisheit sie als die des *diabolos* identifiziert: «Gott hat den Menschen zur Unvergänglichkeit erschaffen und ihn zum Bild seines eigenen Wesens gemacht. Doch durch den Neid des Teufels kam der Tod in die Welt, und ihn erfahren alle, die ihm angehören» (Weish 2, 23-24).

Die Glaubensüberlieferung verdeutlicht: der *diabolos* ist kein Gegengott, auch kein anonymes Prinzip, sondern ein geist- und willenbegabtes Geschöpf, das sich und andere seinesgleichen in einer radikalen und endgültigen Wahl von Gott abgewendet hat und das nun Gott und seine Ordnung unversöhnlich haßt und den Menschen in diesen Haß hineinziehen will. Jesus nennt ihn «den Vater der Lüge» und den «Menschenmörder von Anbeginn» (Joh 8, 44). Johannes sagt, er sündige von Anbeginn, und der Sohn Gottes sei erschienen, «um die Werke des Teufels zu zerstören» (1 Joh 3, 8).

In seiner wunderbar klaren Auslegung des Anfangs der Genesis schreibt Romano Guardini: «Wir sollen aber wissen, daß wir Feinde haben, die unser Unheil wollen und darin keinen Kompromiß kennen. Satan und die Seinen waren von je am Werk. Er war es auch, der das Böse an die ersten Menschen herangetragen hat, das heißt, sie versucht hat.»[13] Die biblische und die kirchliche Überlieferung setzen somit den Ursprung des Bösen klar in die geschaffene Freiheit. Kein Wesen ist von Natur aus in seinem Sein böse. Alle Geschöpfe haben Anteil an Gottes Gutsein und Wahrheit. Doch kann sich die Freiheit gegen Gott stellen, sich gegen ihn empören. Wie das freilich möglich ist, bleibt uns unbegreiflich: wie konnten die Stammeltern aus dem Licht der Gottesfreundschaft, aus der Klarheit ihrer Intelligenz, der Integrität ihres Wollens und Fühlens herausfallen, sich von Gott abwenden?[14]

Die Heilige Schrift leuchtet in dieses dunkle Geheimnis, indem sie auf das Werk des Versuchers

---

13 Der Anfang der Dinge, Mainz-Paderborn 1987.
14 Vgl. den Beitrag von Albert Görres.

hinweist. In jedem seiner Worte ist Lüge: Verfälscht
wird Gottes Gebot dargestellt (Gen 3, 1), verfälscht
wird Gottes Absicht (ebd. 3, 4-5). Mit dem ersten
Keim des Mißtrauens gegen Gott verfälscht sich der
Bezug zu den Dingen seiner Schöpfung: aus einem
offenen, empfangenden Bezug zu den Geschöpfen,
die ungetrübt sich selber zeigen und vom Menschen
benannt, das heißt erkannt werden können (ebd. 2,
19-20), wird ein begieriges Für-sich-haben-Wollen,
in dem nicht mehr die eigene Wahrheit der Dinge,
sondern ihr Genuß- und Machtwert für den Menschen zählt (ebd. 3, 6).

Warum sind Adam und Eva der Versuchung erlegen? *Amor sui:* Eigenliebe, *Philautia,* leidenschaft-
liche Selbstbezogenheit: darin sieht die christliche
Glaubenslehre und Lebenserfahrung den eigentlichen Kern der Ursünde. Alles überblendend, das
Licht der Gottesfreundschaft verdeckend, die köstliche morgendliche Klarheit der Geschöpfe trü-
bend, steht jetzt in der Mitte das allbeherrschende
ICH. Die Urversuchung war: «Ziehe dich selbst allen
und allem vor, vor allem Gott.» Ihr ist der Mensch
erlegen.[15]

3. Die Folgen
Lapidar werden die Folgen des ersten Ungehorsams
aufgereiht. Die Gottesfreundschaft war die Quelle
der ursprünglichen Herrlichkeit des Menschen. Ihr

---

[15] In seinem Roman «Perelandra oder der Sündenfall findet nicht
statt» hat C.S. Lewis meisterhaft das Verwirrspiel des Versuchers meditiert.

Verlust wird zum Ursprung aller folgenden Trübsal. Statt des vertrauten Umgangs mit Gott - und damit mit allen Geschöpfen - , Angst vor Gott: sie verbergen sich vor Ihm (Gen 3, 9-10). Dieser Angst geht als Vorbote die Scham vor der eigenen Nacktheit voraus (ebd. 3, 7). Die Harmonie von Leib und Seele ist gebrochen; diese Dissonanz ist und bleibt das stets spürbare Signal des Verlustes der Gottesnähe. Die Dissonanz zwischen Mann und Frau spiegelt die innere Dissonanz des Menschen. Sie klagen Gott und einander an und wälzen die Schuld von sich ab. Nach einer jüdisch-rabbinischen Tradition war die Ursünde erst «konsumiert», als Adam, statt sich selber für schuldig zu bekennen, Eva (und Gott selber) beschuldigt: «Die *Frau*, die *du* mir gegeben hast...» (ebd. 3, 12). Die Beziehung von Mann und Frau wird fortan durch die Dialektik von Begierde und Beherrschen bestimmt sein (ebd. 3, 16). Die Disharmonie erfaßt schließlich auch den Bezug zur Schöpfung: sie wird den Menschen fremd; mühselig muß er ihr abringen, was sie ihm ursprünglich köstlich geschenkt hat. Der Tod, den Gott nicht geschaffen noch gewollt hat (Weish 1, 13), hält Einzug in das Menschenleben.

Die fundamentale Aussage des biblischen Berichts vom Sündenfall besagt, «daß das Böse nicht in der ersten Natur des Menschen gelegen hat. Der Mensch ist nicht von Wesen so, wie er jetzt ist, ein Gewebe von guten und bösen Antrieben, immer wieder im Zwiespalt mit sich selbst und mit der ihn umgebenden Welt. Das Böse gehört nicht zu den ursprünglichen Elementen unseres Daseins. Der

Mensch ist kein Tier, in welchem mitten unter den Instinkten der Wildnis auf unverstehbare Weise der Geist erwacht wäre - welcher Geist fortan aus jenen Instinkten das Böse machte, ihrer aber doch zu seinem Werk bedürfte. Sondern der Mensch war ursprünglich gut. Und nicht nur, weil das Böse in ihm geschlafen hätte, wie im Kind, sondern weil er von Grund auf rein geschaffen war und im Einvernehmen mit Gott stand. Und er hätte weiterhin Mensch sein, und alles, was Geschichte heißt, hätte sich entfalten können ohne das Böse, und er wäre zu einer Größe aufgestiegen, von welcher unser verstörtes Dasein nichts weiß».[16]

[16] R. Guardini, op. cit. 62.

III. Die Erbsünde

Es bleibt das Ärgernis: warum wurde aus der Ursünde des einen die Erbsünde aller? Wie kann die
erste böse Tat des ersten Menschen für alle Menschen aller Zeiten so bestimmend werden, daß alle
Menschen, ausnahmslos, der Rettung, der Erlösung,
des Heils bedürfen? Wie kann *eine* Tat *solche* Folgen haben? Und wieso Erb*sünde*, wo dies doch nicht
unsere, sondern des ersten Menschen Tat war?

Es geht um die Frage der «Weitergabe der Erbsünde». Gerade hier ist es wichtig, genau hinzuhor-
chen auf das, was die kirchliche Lehre wirklich sagt,
um nicht Karikaturen mit der authentischen Lehre
zu verwechseln und mit jenen auch diese zu ver-
werfen.

1. Die kirchliche Lehre

Die Aussagen des hl. Paulus: «Durch einen einzigen
Menschen kam die Sünde in die Welt und durch die
Sünde der Tod» (Röm 5, 12) und: «Durch den Un-
gehorsam des einen Menschen wurden die vielen zu
Sündern» (ebd. 5, 19), wurden von der kirchlichen
Überlieferung in dem Sinne verstanden, daß die
Sünde Adams für alle Menschen Folgen gehabt hat.

Diese Folgen bestehen nicht nur darin, daß wir
alle dem leiblichen Tod ausgesetzt sind - als «Sün-
denstrafe» für die Ursünde -, sondern auch in der
Weitergabe der Sünde selbst, «die der Tod der Seele
ist»[17]: Wir werden alle im Zustand der Sünde ge-

---

[17] Konzil von Trient: DS 1512, das hier das II. Konzil von Oran-
ge (im Jahre 529) zitiert.

boren, und diese Weitergabe der Sünde Adams geschieht «durch Abstammung, nicht durch Nachahmung». Diese Sünde ist «in ihrem Ursprung eine», in Adam, aber «sie wohnt allen inne und ist jedem zu eigen». Sie kann nicht durch menschliche Kräfte überwunden werden, sondern allein durch die Verdienste Jesu Christi.[18]

Was also ist die «Erbsünde»? In Adam ist sie persönliche Sünde, in allen seinen Nachkommen aber ist sie *keine* persönliche Schuld, deshalb im Vergleich zu unseren persönlichen Sünden, «Sünde» in einem analogen Sinn. Die Erbsünde ist, wie jede Sünde, ein *Mangel*: im Unterschied zu den persönlichen Sünden, die wir begehen, ist sie freilich kein selbstverschuldeter, sondern ein «ererbter» Mangel. Der hl. Thomas nennt sie ein *peccatum naturae*,[19] einen mit der menschlichen Natur selber weitergegebenen Mangel: jeder Mensch wird in einem «Mangelzustand» geboren, denn er empfängt das Menschsein in dem Mangelzustand, in dem die Sünde der Stammeltern die menschliche Natur gelassen hat.

Die Erbsünde ist also das Fehlen der dem Menschen ursprünglich geschenkten Gottesfreundschaft, «der von Gott empfangenen Heiligkeit und Gerechtigkeit, die Adam nicht nur für sich, sondern auch für uns verloren hat.»[20]

18 Konzil von Trient: DS 1513.
19 S.Th. Ia IIae, q. 81, a. 1.
20 Konzil von Trient: DS 1512.

2. Verstehenshilfen

Das Dogma von der Erbsünde kann nicht isoliert betrachtet werden. Versuchen wir einige Verstehenshilfen zu erwägen, um es abschließend im ganzen der Heilsgeheimnisse zu situieren.

a) Wie kann die persönliche Sünde Adams zur Erbsünde aller seiner Nachkommen werden? Zuerst gilt es hier, die Berufung Adams zu bedenken. Schon die Weisheit bezeichnet Adam als den «Urvater der Welt» (Weish 10, 1). Im Blick auf Christus weitet Paulus die Perspektive: in Adam stand das Heil aller Menschen auf dem Spiel und wurde verspielt. Die Universalität der Berufung Adams wird erst von Christus her ansichtig. Das Gewaltige, daß die Gehorsamstat des Einen für alle zum Heil werden konnte, erschließt das Verständnis dafür, daß Gott in die Hände des ersten Adam das Geschick aller legte, die noch «in seinen Lenden waren» (vgl. Hebr 7, 10).

b) Der hl. Thomas sieht in dieser ursprünglichen Einheit aller Menschen in Adam das wichtigste Element zum Verständnis der Erbsünde: «Alle Menschen, die aus Adam geboren werden, können als *ein (einziger) Mensch* betrachtet werden, insofern sie übereinkommen in der Natur, die sie vom Stammvater erhalten haben.»[21] Von diesem Grundgedanken aus kann Thomas zeigen, wie wir alle als «Glieder Adams» in seiner sündigen Tat einbegriffen sind, ohne daß die Tat, die Adams persönliche Schuld ist, in uns zur persönlichen Schuld wird:

[21] S.Th. Ia IIae, q. 81, a. 1.

eine Tat wird nicht den Gliedern des Leibes, sondern dem Haupt angelastet, obwohl der ganze Leib
davon betroffen ist, der ganze Mensch schuldig
wird.

c) Die Glaubensanalogie kann uns helfen, die
Tragweite der Berufung *eines* Menschen für alle tiefer zu begreifen. «Durch die Verkündigung», sagt
Thomas, «wurde die Zustimmung der Jungfrau
Maria erwartet an Stelle der ganzen menschlichen
Natur».[22] Die Verkündigung an Maria war der ein-
zigartige Augenblick, in dem Gott einem Menschen
das ganze Gewicht der Menschheitsgeschichte in
die Hand legte. Großartig hat der hl. Bernhard von
Clairvaux in einer Predigt diesen Augenblick betrachtet: die ganze Schöpfung blickt gespannt und
voll Hoffung auf Maria, bittet sie um das zustim-
mende Ja-Wort, an dem das Los aller Menschen
hängt.[23] Der Realismus dieses Augenblicks ist wohl
die treffendste Glaubensanalogie, um die Berufung
der Stammeltern zu verstehen. Seit ältester Zeit
wird daher auch die Parallele zwischen Evas Tat des
Ungehorsams und Mariens Glaubensgehorsam ge-
zogen.[24] Die Analogie kann ausgeweitet werden:
nie ist das Geschick der Menschheit einfach das
blinde Spiel anonymer Mächte. Weil die Schöpfung
dem Menschen zugedachtes Erbe ist, Anruf des
Schöpfers an die Freiheit seiner Geschöpfe, hängt

---

[22] Ebd. IIIa, q. 30, a. 1.: «Per annuntiationem expectabatur con-
sensus Virginis loco totius humanae naturae.»
[23] Hom. 4, 8-9: Opera omnia. Ed. Cisterc. 4, 1966, 53-54; vgl. Li-
turgia Horarum t. I, Off. lectionis vom 20. Dezember.
[24] Vgl. Irenäus von Lyon, Adv. haer. III, 21-22.

das Geschick der Schöpfung im Entscheidenden vom frei zustimmenden Ja der Geschöpfe zum Anruf des Schöpfers ab. Die Lehre von der Erbsünde wie auch die Lehre von der Erlösung - beide gehören untrennbar zueinander - bestätigt, daß die Geschichte immer Geschichte sich verweigernder oder sich schenkender geschaffener Freiheit ist. Die Erbsündenlehre ist daher die sichere Wehr der christlichen Freiheitslehre.

d) Nochmals: die Annahme der Ursünde als einer freien Tat der Stammeltern setzt deren - wenn auch rein historisch unzugängliche - reale Existenz voraus. Freilich können wir uns von ihrer Existenz nicht dadurch eine Vorstellung machen, daß wir den heutigen technischen Fortschritt mit den angeblich «primitiven Urhorden» vergleichen. All unser archäologisches Forschen nach dem Urmenschen bewegt sich im Raum des erbsündlich verdunkelten Menschseins. «Adam und Eva», den Menschen des Paradieses, finden wir nicht in der Archäologie. Vom unvergleichlichen Glanz der Gottesfreundschaft, der Adam und Eva auszeichnete, gewinnen wir am ehesten eine Ahnung durch die Glaubensanalogie: In den Heiligen erahnen wir im geheilten und geheiligten Menschsein etwas von dessen ursprünglicher Pracht. Doch kennen wir kein Menschsein, das nicht die entstellenden Narben der Sünde trägt. Maria ist die einzige überragende Ausnahme. *Tota pulchra es, Maria,* singt die Liturgie. Hier liegt eine der Bedeutungen des Immaculata-Dogmas. In Maria blicken wir, wie durch zahllose Generationen hindurch, in das Antlitz der Frau,

wie Gott sie geschaffen hat: Eva, die Mutter aller
Lebendigen.[25]

3. Nexus mysteriorum

Im «Zusammenhang aller Glaubensgeheimnisse»
erst bekommt das Glaubensgeheimnis der Erbsünde seinen wahren Platz.

a) Erst *im Licht Christi* erscheint die ganze Tragweite der Ursünde und ihrer Folgen. Es ist daher
nicht verwunderlich, daß das Alte Testament noch
keinen klaren Begriff der Erbsünde kennt.[26] Man
muß Christus als Quell des Übermaßes an Gnade
kennen, um das Ausmaß der Sünde Adams zu er-
messen. Erst als der Preis geoffenbart war, den
unsere Erlösung gekostet hat, konnte offenbar werden, «welches Gewicht die Sünde hat» (Anselm von
Canterbury). So ist die Erbsündenlehre die «Kehr-
seite» der Frohen Botschaft, daß Jesus Christus der
Heiland aller Menschen ist. Es ist unerschütterliche
Glaubensüberzeugung der Kirche, daß es keinen
Menschen gab, gibt oder je geben wird, für den unser Herr Jesus Christus nicht Mensch geworden
und gestorben wäre.[27] Daher die immer neu ver-
kündete Überzeugung der Kirche, daß so wie in
Adam alle Menschen zu Sündern geworden sind,

---

[25] Charles Péguy läßt in seinem letzten, größten Gedicht: *«Ève»*,
Jesus zu Eva sprechen: «O Mère, ensevelie hors du premier
jardin...»

[26] Vgl. J. A. Sayes, Antropologia del Hombre caido. El pecado
original, Madrid 1991 (B.A.C. vol. 514) 38. Sayes bietet eine
zuverlässige, vollständige historische wie systematische Darstellung der katholischen Erbsündenlehre.

[27] Vgl. Konzil von Quercy (im Jahr 853): DS 316.

Christus für alle stellvertretend Sühne und Wieder-
gutmachung in überreichem Maß erbracht hat. Der
für den christlichen Glauben zentrale Stellvertre-
tungsgedanke [28] ist unlösbar verbunden mit der
Realität der Inklusion aller Menschen in Adams
Sünde und in Christi Erlösung.

b) Seit ältester Zeit sieht die Kirche in der *Praxis
der Kindertaufe* einen klaren Hinweis auf die Existenz der Erbsünde. So sagt Origenes in seinen
Lukas-Homilien: «Ich möchte hier auf eine Frage
zu sprechen kommen, über die sich unsere Brüder
oft den Kopf zerbrachen: die Kinder werden getauft
„zur Vergebung der Sünden“. Um welche Sünden
handelt es sich? Wann haben sie sündigen können?
Wie kann man aber, so frage ich zurück, derglei-
chen Motiv für die Kindertaufe festhalten, wenn
man nicht die Interpretation annimmt, die wir geben: „Niemand ist rein von Befleckung, selbst wenn
sein Leben auf Erden nur einen Tag gedauert hat“
(Ijob 14, 4-5; LXX)? Man tauft also die Kinder,
weil durch die Taufe die Makel der Geburt beseitigt
werden: „Denn niemand kann ins Reich Gottes gelangen, wenn er nicht wiedergeboren wird aus Wasser und Heiligem Geist“ (Joh 3, 5).»[29]

Augustinus argumentiert ganz von der Universalität der Heilstat Christi her. Christus ist der «Jesus», der «Gott ist Retter» für alle Menschen, auch
für die kleinen Kinder. «Jesus» wird er genannt,

[28] Vgl. K.-H. Menke, Stellvertretung. Schlüsselbegriff christlichen Lebens und theologische Grundkategorie, Johannes
Verlag Einsiedeln, Freiburg 1991.
[29] Hom. in Luc. 14.

«weil er sein Volk von seinen Sünden befreien wird» (Mt 1, 21). Er ist auch der «Jesus» der kleinen Kinder: *alle* bedürfen seiner, Er will *aller* Heil sein.[30] Die Konzilien von Karthago und Trient haben diese Lehre übernommen. Trient sagt ausdrücklich, die Taufe werde *immer* zur Vergebung der Sünden gespendet. Bei den kleinen Kindern, die keine aktuellen Sünden begangen haben, werde sie zur Tilgung der Erbsünde gespendet.[31]

c) Robert Spaemann hat in seinem Beitrag bereits auf *die ekklesialen Implikationen* des Erbsündendogmas hingewiesen: «Man könnte die Erbsünde als den Zustand anfänglicher Nichtzugehörigkeit zu dem Volk Gottes interpretieren.»[32] Dieser viel zu wenig bedachte Aspekt der Erbsündenlehre ist den Kirchenvätern völlig geläufig. Das II. Vatikanum hat ihn wieder stark betont. Origenes sagt einmal: «Wo Sünden sind, da ist Vielheit, da sind Spaltungen, da sind Irrlehren, da sind Streitigkeiten. Wo aber Tugend herrscht, da ist Einzigkeit, da ist Einigung, wie denn alle Gläubigen „ein Herz und eine Seele waren“.»[33] «Maximus der Bekenner betrachtet die Erbsünde als eine Trennung, eine Zerstückelung; man könnte sie auch - in des Wortes schlimmer Bedeutung - eine Individualisation nennen. Während Gott unaufhörlich in der Welt wirkt, um

---

[30] Vgl. Sermo 293, 11; PL 38, 1334f. Weitere Texte bei J.-Ch. Didier, Faut-il baptiser les enfants? La réponse de la tradition, Paris 1967.
[31] Konzil von Trient: DS 1514.
[32] Siehe oben S. 63f.
[33] In Ezech., Hom 9,1.

alles zur Einheit zusammenzuführen, wurde durch die Sünde, als durch die Tat des Menschen, „die einheitliche Natur in tausend Stücke zerschlagen", und die Menschheit, die ein harmonisches Ganzes darstellen sollte, worin Mein und Dein nicht Gegensätze sind, zu einer Staubwolke von Individuen, in denen Wille und Gesinnung sich widerstreiten. „Und nun", so schließt Maximus, „zerreißen wir uns untereinander wie wilde Tiere"... „Satan hat uns zerstreut", sagt auch Cyrill von Alexandrien, um die erste Erbsünde und die Notwendigkeit eines Erlösers zu erklären.»[34]

«Halten wir die alte Sicht fest: als Werk der „Wiederherstellung" erscheint dann die Tatsache der Erlösung notwendig als die Zurückgewinnung der verlorenen Einheit, als die Wiederherstellung der übernatürlichen Einheit des Menschen mit Gott, zugleich aber auch der Einheit der Menschen untereinander.»[35] Genau das aber ist die «Definition», die das II. Vatikanum von der Kirche gegeben hat: «Die Kirche ist ja in Christus gleichsam das Sakrament, das heißt Zeichen und Werkzeug für die innigste Vereinigung mit Gott wie für die Einheit der ganzen Menschheit.»[36] Die Kirche ist Gottes große «Sammelbewegung». In ihr soll die durch die Sünde zersplitterte Einheit wiederhergestellt werden. Solche Wiederherstellung geschieht durch die Taufe, die, indem sie den Getauften zum Glied-

[34] H. de Lubac, op. cit. 30f.
[35] Ebd. 32.
[36] Dogm. Konstitution über die Kirche, Art. I.

Christi macht, ihn auch eingliedert in die Gemeinschaft des Leibes Christi, in die wiedergefundene
Einheit.

d) Indem die Kirche an der Lehre von der Erbsünde festhält, lehrt sie auch, daß es keine voll-
kommene Gesellschaftsordnung gibt. Immer bleibt,
im Leben des Einzelnen wie der Gemeinschaft, der
Kampf mit den Folgen der Erbsünde bestehen.
Papst Johannes Paul II. hat in seiner jüngsten Enzyklika dieser Frage eine beeindruckende Seite ge-
widmet:

«Der zur Freiheit geschaffene Mensch trägt in sich die
Wunde der Ursünde, die ihn ständig zum Bösen treibt
und erlösungsbedürftig macht. Diese Lehre ist nicht
nur ein *wesentlicher Bestandteil der christlichen Offenbarung,* sondern sie besitzt auch einen großen herme-
neutischen Wert, weil sie die Wirklichkeit des Menschen
begreifen hilft. Der Mensch strebt zum Guten, aber er ist
auch des Bösen fähig; er kann über sein unmittelbares Interesse hinausgehen und bleibt dennoch daran gebunden.
Die Gesellschaftsordnung wird um so beständiger sein,
je mehr sie dieser Tatsache Rechnung trägt. (...) Wenn
Menschen meinen, sie verfügten über das Geheimnis
einer vollkommenen Gesellschaftsordnung, die das Böse
unmöglich macht, dann glauben sie auch, daß sie für deren Verwirklichung jedes Mittel, auch Gewalt und Lüge,
einsetzen dürfen. Die Politik wird dann zur „weltlichen
Religion“, die sich einbildet, das Paradies in dieser Welt
zu errichten. Aber niemals wird irgendeine politische
Gesellschaft, die ihre eigene Autonomie und ihre eigenen
Gesetze besitzt, mit dem Reich Gottes verwechselt werden können. Das biblische Gleichnis vom guten Samen
und vom Unkraut (vgl. Mt 13, 24-30; 36-43) lehrt uns
aber, daß es allein Gott zusteht, die Söhne des Reiches
und die Söhne des Bösen zu scheiden, und daß dieses Urteil erst am Ende der Zeiten stattfinden wird. Indem der

der Mensch sich anmaßt, dieses Urteil schon jetzt zu verkünden, setzt er sich an die Stelle Gottes und widersetzt sich seiner Geduld.»[37]

Die Anerkennung der Erbsünde erweist sich, gerade im Rückblick auf dieses Jahrhundert, als ein heilsamer, ja unerläßlicher Schutz gegen die Totalitarismen, die unsägliches Leid im Namen des auf Erden zu schaffenden Paradieses verursacht haben.

e)«Die ganze Geschichte der Menschheit durchzieht *ein harter Kampf gegen die Mächte der Finsternis*, ein Kampf, der schon am Anfang der Welt begann und nach dem Wort des Herrn bis zum letzten Tag andauern wird. Der einzelne Mensch muß, in diesen Streit hineingezogen, beständig kämpfen um seine Entscheidung für das Gute, und nur mit großer Anstrengung kann er in sich mit Gottes Gnadenhilfe seine eigene innere Einheit erreichen.»[38] Was uns die Erbsündenlehre sagt, bestätigt die Erfahrung: die Grenze zwischen Gut und Böse verläuft mitten durch das Menschenherz, und es bedarf eines harten und zähen Kampfes, die Neigung zum Bösen einzudämmen, den fruchtbaren Boden des Guten auszuweiten. Dies geschieht hauptsächlich *durch die Taufe*, in der uns durch die Gnade Christi alle Schuld, die aktuelle und die Erbschuld, erlassen wird. Im Getauften, so sagt das Konzil von Trient, verbleibe nichts, was Gott haßt. Die in der Taufe Christus angezogen ha-

---

[37] Enzyklika «Centesimus Annus» zum hundertsten Geburtstag von Rerum Novarum, Nr. 25.

[38] II. Vatikanum, Pastoralkonstitution «Gaudium et Spes», Nr. 37.

ben, sind schuldlos und rein geworden, von Gott geliebte Kinder, «Erben Gottes, Miterben Christi» (Röm 8, 17), sodaß nichts sie daran hindert, in den Himmel zu gelangen.[39]

Im Streit um die Kindertaufe, gegen die heute vielfach argumentiert wird, sie gebe der persönlichen Entscheidung zuwenig Raum, wird doch wohl oft nicht genügend beachtet, daß die Entscheidung für das Gute, der lebenslange Kampf zwischen Gut und Böse, eben wegen seiner Unausweichlichkeit gerade jene Lebensübergabe an Christus erfordert, die in der Taufe geschieht, und die erst den Boden bereitet, auf dem das Gute wachsen kann und die Abwehrkräfte gegen die Neigung zum Bösen gestärkt werden. Die klassische Lehre der Kirche sagt, in der Taufe würden, mit der heiligmachenden, rechtfertigenden Gnade Christi, auch *alle Keime des Guten verliehen*, gewissermaßen die Setzlinge aller Tugenden, also jener Dispositionen zum Guten hin, die in den konkreten Entscheidungen des Lebens leicht und freudig zum Tun des Guten geneigt machen. Dasselbe gilt von allen anderen Sakramenten, besonders von der Eucharistie und vom Bußsakrament, weshalb in dem täglichen Kampf mit der bösen Neigung die von Christus verliehene Stärkung im Guten eine geradezu unerläßliche Hilfe bedeutet.

f) Mit großem Realismus und aus jahrhundertelanger Erfahrung sprechend, antwortet deshalb das Konzil von Trient auch auf eine weitere Frage, die immer wieder im Zusammenhang mit der Erbsün-

[39] Konzil von Trient: DS 1515.

denlehre gestellt wird: Wieso bleibt in denen, die durch die Taufe von der Erbschuld befreit sind, dennoch all die Anfälligkeit für das Böse, die offenkundig auch bei Christen besteht? Das Konzil sagt: «In den Getauften verbleibt aber die Begehrlichkeit (*concupiscentia*), bzw. der „Zunder" (*fomes*) [das heißt sozusagen ein von der Sünde leicht entflammbarer Zündstoff]; diese ist uns freilich zum Kampf belassen (*ad agonem relicta*); sie kann denen nicht schaden, die ihr nicht zustimmen und die tapfer mit der Gnade Jesu Christi gegen sie ankämpfen, denn nur „wer recht gekämpft hat, wird gekrönt" (2 Tim 2, 5).»[40] Durch die Taufe hat der Kampf mit der Neigung zum Bösen ein anderes Gesicht bekommen, ja er ist zu einem anderen Kampf geworden. «Ist einer in Christus, so ist er eine neue Schöpfung; das Alte ist vergangen, siehe, ein Neues ist geworden» (2 Kor 5, 17). In der frühchristlichen Taufsymbolik wird der Neugetaufte symbolisch «ins Paradies» geführt, gehört er doch jetzt Christus an, der selber «das Land der Lebendigen» ist. Christus ist auferstanden, der Tod ist überwunden. Wird er mit der «Waffenrüstung Gottes» (Eph 6, 11) geführt, dann steht der Kampf des christlichen Lebens bereits unter dem Vorzeichen des schon von Christus errungenen Sieges. Was uns zu kämpfen bleibt, und mag es noch so dramatisch sein,[41] dient

[40] Ebd.
[41] Die Wiederentdeckung der agonalen Dimension des christlichen Lebens tut freilich not. Die große Tradition der geistlichen Lebemeister, von Paulus, von den Wüstenvätern angefangen, weiß um diesen Aspekt des christlichen Lebens (vgl. Augustins De agone christiano).

dem Erweis, daß wenn auch durch die Sünde des einen die Vielen starben, die Gnade Gottes viel reicher strömte, überströmend durch den einen Jesus Christus auf die Vielen (vgl. Röm 5, 15).

* *

*

So können wir auch eine letzte Frage stellen, die sich angesichts der kirchlichen Lehre von der Erbsünde aufdrängt: Warum hat Gott den Menschen nicht am Sündenfall gehindert?

In Kants «Religion innerhalb der Grenzen der bloßen Vernunft» steht folgende köstliche Anmerkung: Ein Missionar berichtet, «daß, da er seinem Irokesischen Katechismusschüler alles Böse vorerzählte, das der böse Geist in die zu Anfang gute Schöpfung hineingebracht habe, und wie er noch beständig die besten göttlichen Veranstaltungen zu vereiteln suche, dieser mit Unwillen gefragt habe: aber warum schlägt Gott dem Teufel nicht todt? Auf welche Frage er treuherzig gesteht, daß er in der Eile keine Antwort habe finden können».[42] Der hl. Thomas hat, ohne Eile, auf diese Frage wie folgt geantwortet: «Gott läßt zu, daß Übel geschehen, damit daraus Besseres hervorgehe. Deshalb sagt Paulus: „Wo die Sünde überhand genommen hat, dort kam Gnade im Übermaß“ (Röm 5, 20). Und beim Lob der Osterkerze: „O selige Schuld, die einen solchen Erlöser zu haben verdient hat“.»[43]

---

[42] Kants Werke, ed. Rosenkranz 1838, 92.
[43] S.Th. IIIa, q. I, a. 3 ad 3.